Bible Koinonia

BK3 三代 3대 비전

이강천 지음

— 비대면 시대의 부흥 전략 —

성경을 중심으로
나누는
코이노니아

쿰란출판사

　　　작년 2020년 초부터 시작된 코로나19 팬데믹 사건은 현재 우리 삶의 가장 큰 이슈가 되었습니다. 곧 끝나겠거니 했지만 지금도 여전히 현재 진행 중이며 팬데믹 상황은 2년의 시간이 다 되어 갑니다. 이러한 세계적 팬데믹으로 인해 그동안 우리의 삶에는 많은 변화가 있었고, 그 가운데서도 목회와 선교 환경 가운데 지대한 변화를 가져오면서 '비대면(온라인) 모임과 예배'라는 말이 우리의 일상 언어가 되어 버렸습니다.

　사람을 1:1, 또는 7~8명의 소그룹, 혹은 다수를 대상으로 해 왔던 기존의 전통적인 사역 형태가 팬데믹으로 인해 제한을 받다 보니, 대그룹은 물론이거니와 이제는 7~8명의 소그룹도 모이기가 어렵습니다. 그래서 팬데믹 초기에 많은 목회자나 선교사들은 어떻게 사역을 해야 할지 몰라 당황하고 막막하게 생각했습니다. 물론 이로 인해 온라인상에서의 예배와 모임이 활발히 일어나긴 했지만, 여전히 회복되어야 할 대면 모임에 대한 갈망이 우리 모두에게 있는 것이 사실입니다.

이러한 상황 속에서 여주동행(與主同行)의 삶을 몸소 보여주고 계시는 이강천 목사님께서 《BK3 三代 비전》이라는 책을 쓰셨습니다. 앞서 《코미멀》, 《코이노니아 경제의 꿈》, 《창세기를 걷다》 등 수많은 책을 내셨음에도 불구하고 멈추지 않는 열정으로 우리 후배들을 위해 쓰신 《BK3 三代 비전》은 코로나가 가져온 비대면 시대의 부흥 전략으로서 참으로 시의적절한 책이자 대안이라고 생각됩니다.

영적 원리를 좀 더 쉽게 이해하고 깨달을 수 있도록 하기 위해 이 책은 대화체 방식으로 이야기를 이끌어 가고 있습니다. 또한 실제적인 그룹 모임의 예를 자세하게 제시해 두어 어떻게 소그룹 모임을 진행하며 사람들을 도울 수 있을지에 대해서도 책을 읽는 가운데 선명하게 알 수 있게 될 것입니다.

시대가 아무리 바뀌고 변화된다 하더라도, 하나님의 말씀은 영원토록 변치 않는다고 하였습니다. 《BK3 三代 비전》은 그 변하지 않는 하나님의 말씀인 성경을 교재로 하여 함께 읽고 나누며 기도하는 일을 계속해 나갈 것을 강조합니다. 그렇게 지속해 나갈 수만 있다면 팬데믹 시대뿐 아니라, 위드 코로나(with covid) 시대에서도 깊은 친밀감 가운데 사람들을 견고하게 무장시키고, 또 다른 사람들을 세워 갈 수 있을 것이라 확신합니다.

이 책은 목회 현장에서 사람을 돕는 목회자나, 선교 현장에서 영혼 구원을 위해 힘쓰는 선교사에게뿐 아니라, 영혼의 가치를 알고 사람을 돕고 섬기기를 원하는 소그룹 리더, 혹은 열심을 가지고 주의 교회에서 봉사하며 섬기는 모든 성도들에게 탁월하고도 훌륭한 양육 지침서가 될 것이기에 이 책을 꼭 읽어 보기를 적극 권합니다.

2021년 12월
이상대 선교사
중국대학선교회 대표

존경하는 스승인 이강천 목사님의 《BK3 三代 비전》의 출간을 기뻐하며 축하를 드립니다.

저는 한국 교회의 목회 현장과 세계 선교 현장의 주역이신 목회자들과 선교사들을 섬기는 전임 사역자입니다. 요즘은 "목사님! 내년 목회 계획을 어떻게 세우셨는지요?" "선교사님! 안식년 이후의 선교 사역 방향은 정하셨나요?"라는 질문에 목회자들과 선교사들이 심히 곤혹스러워하고 있습니다. 매우 안타깝습니다. 이런 현상은 뉴 노멀 시대, 비대면 시대의 불확실성 때문에 방향을 잃고 있다는 증거입니다.

한국 교회는 지난 2020년부터 2021년까지 약 2년 동안 현장 목회가 거의 중단되었습니다. 목회자들은 오로지 예배 현장을 지키는 것이 최고의 방편이었습니다. 한결같이 코로나 종식, 코로나 이후(after corona)만을 기대하고 있는 것이지요. 하지만 대다수 방역 전문가와 미래학자들은 이것은 가능하지 않으므로 결국 위드 코로나(with corona)가 최선이라는 전망입니다. 따라서 코로나 이후를 기대하며 지난 2년처럼 다가오는 시대를 맞는다면 한국 교회는 더 이상 목회와 선교를 기대할 수 없을 것입니다.

이러한 시기에 출판되는 이강천 목사님의 《BK3 三代 비전》은 위드 코로나 시대에 목회와 선교의 귀한 지침이 될 것입니다. 그것은 본 책의 부제처럼 '비대면 시대의 부흥 전략'이 잘 담겨 있기 때문입니다. "새 포도주는 새 부대에!"라는 구호처럼 비대면 시대에 적합한 목회와 선교의 패러다임이 필수적인데 이 책이 그것을 제시해 주고 있습니다. 더욱 소중한 것은 본 책에서 제시하는 사역의 패러다임이 철저히 성경적인 원리를 기초로 한다는 것입니다. 다시 한번 "본질이 묘책이다"라는 저자의 심정을 배우게 됩니다.

저자인 이강천 목사님은 이미 현직에서 은퇴하셨습니다. 그런데도 다가오는 세대를 바라보는 통찰력으로 《BK3 三代 비전》을 기술하신 것은 하나님으로부터 받은 이강천 목사님의 영성의 결과입니다. 한국 교회 목회자와 선교사를 향한 저자의 사랑의 메시지입니다. 부디 정독하셔서 다가오는 시대의 사역 패러다임 구축에 도움이 되기를 기대합니다.

   비대면 시대의 어둠 속에 길이 보이지 않습니다. 그러나 빛 가운데 있는 자에게는 예외입니다. 사랑하고 축복합니다.

2021년 12월

김정호 목사

바나바훈련원 원장

　　갈대처럼 희끗희끗한 머리카락이 얕은 바람에 흩날리는 것은 자연과의 소통입니다. 잔잔한 미소에 담긴 여유로움과 강단에서의 눈물과 호통은 하나님과의 소통입니다. 누구를 만나든 노함과 긴장보다는 평안한 미소와 듣기 위해 귀 기울임은 타인과의 소통입니다.

　소통! 저자인 이강천 목사님은 이미 자연과, 하나님과, 타인과의 비밀스러운 소통이 충만한 분입니다. 그래서 들로, 산으로, 강으로 카메라를 들고 다니시며 자연을 품으십니다. 목사님은 언제나 하나님과도 소통의 대가셨습니다. '내가 아버지 안에, 아버지는 내 안에'(요 14:10) 깊은 영성의 비밀이 이 책을 통해 탄로(?)났습니다.

　또한 목사님은 국경과 교파의 담장을 넘고, 연령의 세대를 뛰어넘어 수많은 목회자들과 소통하는 소통의 달인이십니다. 그 비밀을 깨닫게 하는 책이 나왔습니다. '비대면 시대의 부흥 전략'이라는 부제가 붙은 《BK3 三代 비전》입니다. 코이노니아가 단절된 현실에서 외롭게 소통하며 두레박으로 물을 끌어올리듯 깊은 코이노니아의 영성을 살려 내는 이 책자는, 저자이신 이강천 목사님의 삶과 목회적 본질을 전수하는 농축된 목회 자습서입니다. 신학생 시절에 멀리서 뵈던 목사님의 모습은 '다음에 또 강단에 서실 수 있을까?'라는, 언제나 아슬아슬한 연약함 그 자체였습니다. 그러나 모든 신학생들의 기도 제목이었던 목사님의 연약함은 약할 때 강함 되시는 주님의 손길에 붙들려 은퇴 이후까지 넉넉히 달리시고도 힘이 남으셨습니다.

가뜩이나 극도의 이기주의로 코이노니아가 실종된 상황에 코로나19라는 악재까지 겹쳐 소통이 먹통 된 현실을 살아갑니다. 이렇게 답답한 상황은 양날의 검처럼 누구에게나 '기회 아니면 포기'입니다. 넋 놓고 기다릴 것인가, 아니면 정면으로 돌파할 것인가? 모임이 불가능한 이때, 목사님은 "두세 사람이 내 이름으로 모인 곳에는 나도 그들 중에 있느니라"(마 18:20)는 주님의 말씀에 착안하여 세 사람이 성경으로 코이노니아를 할 수 있다는 바늘구멍 같은 희미한 희망을 노래합니다. 엘리야의 사환이 바다 쪽에서 보고 온 손바닥만한 작은 구름 같은 희망입니다.

결국 코이노니아가 답입니다. 하나님과의 관계, 너와의 관계가 살아나는 삼위일체적 코이노니아의 현장이 십자가임을 말하고 있고,

그 현장이 오늘 교회가 되어야 함을 역설하십니다. 그리고 그렇게 살아난 코이노니아로 땅의 모든 족속에게 복이 되는 선교 공동체로 나아가야 할 것과 두세 사람으로 시작된 비대면 시대의 전략은 마침내 큰 비가 되어 내릴 부흥을 바라보는 비전을 갖게 합니다.

목사님은 투 트랙, 즉 기존 교회에서 성령으로 설교하는 것과 비즈니스화된 관리 시스템이 아닌 모든 성도가 제자 삼는 재생산의 증식 시스템으로 가야 함을 강조합니다. BK3 三代(3대)는 낳고 기르고 번성하는 원리입니다. 모든 목회자가 목회 학습서요 자습서 같은 이 귀한 책을 일독하고 학습해서, 소통을 넘어 코이노니아가 이루어지고, 교회마다 선교하는 공동체가 되며, 번식하는 재생산의 은혜로 비대면 시대에 강력한 부흥을 경험하길 소망하며 기쁘게 추천합니다.

2021년 12월
신윤진 목사
신성교회

추천사

　　이강천 목사님은 교회 성장을 위해서 몸부림치신 분입니다. 목사님이 2009년에 쓰신 《행복한 교회 성장의 열쇠》가 기억납니다. 그 책의 주제가 '코이노니아', '미션', '멀티플리케이션'이었고, 그 이후 '교회 성장, 본질이 묘책이다'라는 부제가 붙은 《코미멀》을 쓰셨습니다. 목사님의 뚜렷한 방향을 볼 수 있었습니다. 그리고 오늘의 《BK3 三代 비전》은 코로나 시대에 움츠러든 한국 교회의 성장을 위한 '비대면 시대의 부흥 전략'입니다. 이 책의 내용이 제게는 이강천 목사님의 또 다른 몸부림이자 삶의 방향으로 보입니다.

　　사실 저는 1993년에 목사님들을 재교육하기 위한 '바나바훈련원'을 개척하실 때부터 이사로 섬기면서 교회 성장을 위한 그 몸부림을 가까이서 보아왔습니다. 아, 아니군요. 더 먼 과거인 1981년 4월에 밀양교회 담임 목사와 청년 성도로 처음 만나 이강천 목사님의 삶을 보면서 교육을 받아왔습니다. 그때 아내인 류호경 권사도 청년 성도로 밀양교회에서 함께 목사님의 지도를 받았으니, 우리 부부는 40년 동안 늘 목사님 가까이에서 교육을 받은 것이라고도 할 수 있겠습니다.

그분의 삶을 보면서, 또 하나님의 말씀으로 참 많이 배웠습니다. 그래서 지난 40년간의 우리 부부의 삶은 이강천 목사님의 가르침 영향으로 귀한 간증거리도 많습니다. 수입의 51퍼센트를 선교에 적용한 25년간의 회사 운영, 부산대 중국 유학생 교회 개척, 그리고 지금은 밀양 다문화 카페 교회 개척 후 외국인 근로자 사역을 하고 있습니다. 이 모두가 하나님의 말씀을 적용하며 사시는 이강천 목사님의 '보여주는 메시지'의 영향이라고 감히 증언합니다.

저는 이 책에서 이강천 목사님의 삶을 봅니다. 따라서 이 책 《BK3 三代 비전》은 코로나 시대에서 교회 성장을 위한 지침서이지만, 동시에 각 개인 성도가 깨어 있는 삶을 살기 위한 지침서임을 확신하고 추천을 합니다.

2021년 12월
최인기 선교사
다카선교회 대표

머리글

　　코로나 팬데믹을 거치는 동안 한국 교회를 보면서 두 가지 답답함을 느꼈습니다.

　하나는 지도자들의 생각과 비전이 열려 있지 못하다는 것입니다. 팬데믹 때문에 교회가 모이지 못하는 동안에 성도의 숫자가 줄어들고 재정이 줄어드는 현실에서, 지도자들은 '어떻게 살아남을 수 있는가?' '어떻게 생존해야 하는가?' 하는 문제 앞에 전전긍긍하고 있습니다. 이는 분명히 현실적인 과제란 것은 틀림없습니다. 그러나 저는 이런 때일수록 '교회의 사명이 무엇인가?'를 묻고 '이 어려움에도 불구하고 어떻게 사명을 수행할 것인가?'를 물으라고 충고하고 싶습니다. 이 난국에 탄식하는 절망적인 사회 현실에서 '어떻게 절망에 빠진 자를 도울 것인가?' '어떻게 하면 더 적극적으로 세계 복음화를 이룰 것인가?' 하며 소명적 접근을 해야 하지 않을까요?

　다른 하나는, 대체로 손을 놓고 '이 코로나 위기가 속히 지나가게 하셔서 예배가 회복되게 하옵소서'라고 기도만 하고 있다는 것입니다. 대체로 전문가들의 의견은 코로나 위기는 지나가지 않을 것이고 이제는 코로나와 함께 살아가는 시대가 된다는 것이며, 비슷한 바이러스는 계속 출현하리라고 예견하고 있습니다. 코로나 사태 이전으로 돌아갈 수는 없다는 것이지요. 그런데도 교회 지도자들은 이 사태가 지나면 '다시 모이고, 집단 교육 하고, 부흥회 하고, 총동원 주일 하고' 하면서 예전으로 회복될 것을 기다리고 있습니다. 답답한 일입니다. 그렇다면 이제 비대면 시대를 돌파하는 새로운 전략으로 가야 하는 것이 아닌가요? 비대면 사회를 적극적으로 공략할 새 판 짜기를 모색해야 하지 않을까요?

그리하여 저는 'BK3 三代 비전'을 제안합니다. 주님의 지상명령(The Great Commission)을 성취하면서 교회가 다시 활력을 찾고 새로운 전략으로 비대면 사회를 적극적으로 공략하는 새 판 짜기를 시도하는 것입니다. '이 위기에서 어떻게 교회가 살아남을 것인가?'에 초점을 두지 않고 이 위기 속에서 '어떻게 세계 복음화를 성취할까?'에 관심을 두고 새 판을 짜 보았습니다.

이 위기 시대에 교회가 어떻게 생존할 것인가를 묻는 수준의 지도자나 그리스도인에게는 이 책이 아무 도움이 안 될 것이라고 생각합니다. 도리어 짜증나는 이야기가 될 수도 있습니다. 그러니 예수님 앞에서 사명으로 살고 싶어하는 지도자나 성도들만 읽어 보기를 바랍니다. 새로운 도전과 헌신을 마다하지 않을 지도자와 그리스도인들이 이 책을 통해 새로운 비전과 동력을 발견하기 바랄 뿐입니다. 이 제안서를 읽는 자에게 주님께서 영감과 비전과 능력을 주시기를 기도합니다

아울러 미리 원고를 읽어 주고 의견을 보태 주고 추천서를 써 주신 바나바훈련원 원장 김정호 목사님, 신성교회 담임 신윤진 목사님, 다카선교회 대표 최인기 선교사님, 쿰 선교회 대표 이상대 선교사님께 감사드립니다.

2021년 끝자락에
이강천

추천사 이상대 선교사(중국대학선교회 대표) _ 2
김정호 목사(바나바훈련원 원장) _ 5
신윤진 목사(신성교회 담임목사) _ 8
최인기 선교사(다카선교회 대표) _ 11
머리글 _ 13

1부 왜 성경인가?

1) BK3 三代(3대) 비전이란 무엇인가? _ 19
• 예비 모임 _ 23
2) 왜 성경 읽기인가? _ 31

2부 왜 코이노니아인가?

• 바이블 코이노니아 모임(1) _ 39
1) 왜 코이노니아인가? _ 54
2) 왜 나눔인가? _ 64

3부 왜 미션인가?

- 바이블 코이노니아 모임(2) _ 71
1) 왜 미션인가? _ 84
2) 왜 영혼 구원을 위한 중보기도인가? _ 94
3) 코이노니아 모임의 틀 _ 119

4부 왜 멀티플리케이션인가?

- ○○주차 모임_새로운 탄생을 위한 준비 _ 126
1) 왜 재생산/증식(Multiplication)인가? _ 135
- ○○주차 모임_새로운 탄생 _ 146
2) 왜 3대인가? _ 158
- 제3대의 탄생_상복이의 일기 _ 163

5부 언제, 어디서, 어떻게 시작할 것인가?

1) 모이는 교회, 흩어지는 교회 _ 173
2) 양이냐, 목자냐? _ 180
3) 목양이냐, 세계 제자화냐? _ 186
4) 한 번의 설교에 집중하라 _ 187
5) 기본 삶터 영성 교육을 강화하라 _ 193
6) 새로운 세대를 일으키라 _ 195
7) BK3 시스템의 적용을 위하여 _ 196

왜 성경인가?

1) BK3 三代(3대) 비전이란 무엇인가?

- 선배님, 이번 토론할 주제를 카톡으로 보내 주셨는데 'BK3 三代 비전'이라고 영어, 숫자, 한자, 한글로 되어 있었어요. 무슨 기호인가요?
- 무슨 기호라고 생각되던가?
- 글쎄요, 전에 선배님께서 《코미멀》이라는 책에서 K7이란 말을 쓰신 적이 있는데 이번에는 B라는 글자가 첨부되었고, 숫자는 7에서 3으로 줄어들었어요. 그것과 관련이 있나요?
- 맞아, 내가 《코미멀》을 쓰면서 코이노니아 경험을 위하여 소그룹을 운영하여야 한다고 했지? 한 소그룹은 7명을 기준으로 하여 모임을 갖도록 제안하면서 K7이라는 이름을 썼지.
- 그때는 7명으로 이루는 코이노니아 모임이라는 뜻으로 사용하신 것이지요?
- 맞아. 여기서 K는 Koinonia(코이노니아)를 줄인 말이야. K는 그때

1부 _ 왜 성경인가? 19

나 지금이나 코이노니아를 강조하는 말로 쓰고 있어.
- 그러면 3은 3명으로 이루는 코이노니아 모임이라는 뜻으로 사용한 것인가요?
- 그렇지.
- 숫자를 왜 줄이셨나요?
- 지금 그리고 앞으로의 미래가 비대면 사회가 되어 가지 않나?
- 비대면 사회에 대응하는 시스템으로 가기 위하여 숫자를 줄이신 거라고요?
- 지금은 우리가 4명 이상은 모임이 금지되어 있지 않나? 코로나 시대는 코로나 이후(After Corona)라는 말을 쓸 수가 없다고들 해. 코로나와 더불어(With Corona) 사는 시대가 된다는 말이지. 지구가 병들어 있어서 코로나 같은 바이러스가 계속 출몰할 거야. 그러므로 비대면 시대를 살게 되는 것이지. 그렇다면 처음부터 비대면 시대에 대응하는 전략을 써야 하니, 더 작은 소그룹으로 가자는 것이야.
- 그러면 K는 코이노니아의 중요성을 강조하는 기호이고, 3은 소그룹 중 아주 작은 소그룹의 중요성을 강조하는 숫자 같은데, 앞에 B는 왜 붙이셨나요? B는 무슨 기호인가요?
- B는 Bible의 약자일세. 성경을 중심으로 나누는 코이노니아라는 의미가 되지.
- 성경을 강조하는 말을 덧붙인 것이네요. 그럴 만한 무슨 특별한 이유가 있나요?
- 우선은 기호 풀이만 하고, 자세한 이야기는 차츰 하기로 하세.
- 아, 그러지요. 그런데 보통 그동안 교회들이 이런 기호를 쓸 때는

K라는 기호보다는 D라는 기호를 많이 썼거든요. Disciple(제자)이라는 의미를 강조하면서 말입니다. D12라는 기호가 가장 많이 쓰였어요. 12명의 제자를 훈련하는 모임이라는 의미로요.
- 그렇지. G12도 있었고. G는 Government(정부, 통치기구)의 약자로 사용하여 영적으로 온 세상을 정복하고 통치한다는 엄청난 비전을 가진 운동이 있었고, 강력하기도 했었어.
- 그런데 선배님은 K라는 기호를 써야겠다고 생각하신 특별한 이유가 있나요?
- 물론이지. 지금까지 내가 성경을 이해한 바로는, 교회에는 훈련도 있고 영적 통치도 필요하고 중요하지만 교회의 근본 바탕을 이루는 본질은 코이노니아였어. **교회는 코이노니아 공동체**라는 것을 깨달았다네. 그리고 오늘날처럼 코로나 바이러스 팬데믹 시대, 즉 비대면 시대는 우리가 코이노니아라는 본질을 상실할 위기이기에 더욱 강조되어야 할 진리이기도 하고. 코이노니아는 만남으로 시작되는데 만나지 못하게 하는 게 지금 바이러스 팬데믹 시대 아닌가?
- 만나지 말아야 하는 시대에 만남을 강조해야 한다고요?
- 그렇지.
- 어려운 역설이군요.
- 쉽지는 않은 과제일 거야. 어려운 때일수록 본질을 붙들고 씨름해야 하는 것 아니겠나?
- 그렇다면 우리가 어려움에도 여기에 올인하려면 왜 코이노니아가 교회의 본질인지 확신이 필요할 것 같습니다. 코이노니아가 교회의 본질이라는 진리는 어떻게 설명되나요?

- 좋은 통찰력이군. 자네 말이 맞아. 그러나 코이노니아가 왜 교회의 본질인가 하는 진리에 대한 이야기는 나중으로 미루고, 우선 하던 기호 풀이부터 마무리하자고.
- 그럼 그러지요.
- 그러니까 'BK3란 3명 기준으로 모이는 바이블 코이노니아 모임이다' 그렇게 정리할 수 있다네.
- 그럼 三代(삼대)는 무엇을 의미하나요? 목사님은 보통 이럴 때 쓰는 큰 대(大) 자를 쓰지 않고 이을 대(代) 자를 쓰셨네요?
- 맞아. 이을 대 자야. 말하자면 아버지, 아들, 손주, 이렇게 대를 이어 최소한 3대까지는 내려가는 번식, 증식의 중요성을 강조하는 숫자야. 이는 교회 성장의 원리가 배가 방식, 증식의 원리로 성장해야 하며 그것을 적용하기 위한 시스템이지. 쉽게 말하면, 더하기 식 성장이 아닌 곱하기 식 성장을 이루기 위한 재생산적 제자훈련의 원리를 강조하는 기호인 셈이라네.
- 무슨 이야기인지 쉽게 이해가 안 되는데요?
- 차차 알게 될 거야. 이제 비전이라는 말로 넘어가 보세.
- 네, 타이틀을 비전으로 붙이신 이유가 있나요?
- 처음 시작하는 내가 3대까지는 제자훈련이 재생산적으로 이루어져 낳고 기르고 번성하게 이어져 가는 비전을 성취하기로 작정하고 기도하며 이루고, 그다음 내 제자도 동일하게 3대에 이르는 비전을 품고 기도하며 이루어 가게 격려하고 코치하고, 또 그 제자의 제자도 3대 재생산의 비전을 품고 기도하며 이루게 하면 어떻게 될까? 대가 끊기지 않고 재생산으로 기하급수적 성장이 일어날 거야. 그렇기 때문에 인내를 가지고 비전을 품으라는 의미로

사용하였다네. 모든 성도가 BK3, 3대의 비전을 품고 기도하고 헌신하고 실행하면 세계 복음화의 과제가 성취되는 역사가 있을 것이니, 그야말로 비전 중에 위대한 비전 아니겠나.
- 알 듯하면서도 아직 실감이 나지 않는데요, 좀 더 자세한 말씀이 필요할 것 같습니다.
- 그래, 그 이야기도 우선은 미뤄 두지. 그리고 BK3 모임을 어떻게 진행하는지, 내가 지도한 모임을 녹화한 것이 있는데, 먼저 한번 보기로 할까?
- 실제 모임을 녹화했다고요? 흥미로운데요? 한번 보지요.

예비 모임

- 상복 형제와 현철 형제와 나, 이렇게 셋이 성경을 읽고 친교하는 모임을 매주 갖기로 한 것이 참 감사하네.
- 저희도 김 집사님과 함께 모임을 갖게 되어서 기대가 됩니다. 그런데 우리의 모임을 '성경 읽기 모임'이라 부릅니까?
- 그리 불러도 좋고, 그냥 코이노니아 모임이라고 불러도 되고.
- 코…, 뭐라고요?
- 코이노니아.
- 그게 무슨 말인데요?
- 아, 못 듣던 말이지? '코이노니아'라는 말은 신약성경이 처음 기록될 때 사용된 그리스어 단어인데, 사귐, 교제, 친교, 나눔 등의 뜻을 가지고 있는 말이래.

- 그러면 그냥 친교 모임이라고 하지, 왜 어려운 그리스어를 쓰시는 거예요?
- 글쎄? 친교 모임이라면 마치 친구들끼리 카페에 모여 커피 마시며 떠들다가 헤어지는 그런 모임의 이미지로 생각될까 봐 좀 어렵지만 성경 언어를 쓰고자 했어. 사실 성경에서 코이노니아라는 말은 매우 깊은 의미를 가지고 있거든.
- 얼마나 깊은 뜻을 가지고 있는데요?
- 우리의 친교는 너와 나의, 사람끼리의 친교가 아니고 '너'와 '나' 그리고 '예수님'이 함께하는 친교를 말하거든. 우리 모임에는 예수님도 오셔서 함께하셔.
- 그러니까 우리 사람들만의 친교가 아니라 예수님을 모시고 함께하는 친교를 말하는 것이군요?
- 그렇지. 그러니 이렇게 한번 이해하면 우리끼리는 다 통하는 이름이 되니까 코이노니아 모임이라고 부르기로 하자고.
- 코이노니아 모임이라고 하면 성경 읽기 모임의 성격은 드러나지 않는 것 같아요.
- 그런가? 그러면 성경 읽기의 요소도 포함시키는 코이노니아 모임의 이름으로 무엇이 좋다고 생각하나?
- 성경 코이노니아? 성경 읽기 코이노니아 모임? 뭔가 좀 어색한데요?
- 아, 코이노니아가 영어로는 무엇인가요?
- 코이노니아는 영어로도 코이노니아이지.
- 그렇다면 성경을 영어로 바이블이라 하니까, '바이블 코이노니아'(Bible Koinonia)라고 하면 어떨까요?

- 상복이가 도통한 모양이네? 사실 우리 모임을 우리 교회에서는 그렇게 바이블 코이노니아(Bible Koinonia)라고 부른다네.
- 어, 그래요? 내가 어떻게 맞췄지! 아무튼 어색하지 않고 괜찮은 이름 같은데요?
- 그런데 실제로 모여서 무엇을 하나요?
- 모여서 무엇을 할 것인지는 다음 주에 본격적으로 자연히 알게 될 거야. 오늘은 서로 인사하고 예비 모임의 성격으로 모인 것이니 이제 다음 모임 때까지 우리가 할 일을 이야기해 보자.
- 무슨 준비가 있어야 하나 보지요?
- 바이블 코이노니아라고 모임의 성격을 압축한 이름으로 부르기로 했으니, 우리 모임의 성격은 성경 읽기를 바탕으로 한 코이노니아 모임의 성격이 될 거야.
- 단순한 친교 모임이 아니고 성경을 읽고 성경 말씀을 나누는 모임이 되겠네요?
- 응, 우리의 친교는 우리들만의 친교가 아니고 예수님도 함께하시는 친교라고 하지 않았나? 예수님은 말씀을 통하여 우리를 찾아오시고 또 우리의 기도 가운데 응답하며 임하시기 때문에 말씀과 기도 모임의 성격이 되는 거야. 그래서 일주일에 30장 기준으로 성경을 읽고, 모여서는 읽은 것을 가지고 서로 나누고 기도하려고 해.
- 우와 30장씩이나요?
- 그 정도는 읽어야 우리 마음이 하나님께 향하는 절실함을 갖게 되지 않겠어? 하나님의 말씀을 탐구하는 것이 취미 활동처럼 되어서야 안 되지. 하나님을 가까이 모시는 삶이 되기 위해 하나님

말씀을 열심히 탐독해 보기로 하자고.
- 네, 좋아요. 한번 해 보지요 뭐. 그런데 다음 모임까지 어디를 읽을까요?
- 아무래도 신약성경부터 읽는 것이 좋을 것 같아. 성경은 구약과 신약 크게 두 부분으로 되어 있는데 구약은 오래전에 주신 약속, 신약은 새로 주신 약속이라는 의미이거든. 그러니까 새로 주신 약속이 오늘 우리에게 더 직접적인 것이고 구약은 그 배경을 이루는 것이니까 신약 먼저 읽고 구약을 읽는 게 좋겠어.
- 신약의 첫 책은 마태복음인데, 그러면 마태복음을 읽는 것인가요?
- 그렇지. 신약성경을 순서대로 차례로 읽어 나가기로 하자. 마침 마태복음은 총 28장으로 되어 있으니까 마태복음 전체를 한 주간 동안 읽고 와서 다음 주에 만나 서로 깨달은 것을 나누도록 하자고.
- 마태복음을 그냥 읽기만 하면 되나요? 쉽게 깨달아질까요?
- 우리가 평생 읽으며 성장해 간다고 생각하고 깨닫는 데까지만 깨달으면서, 읽고 또 읽고 하면 깨닫는 깊이가 점점 더해지겠지? 다만 기도와 질문을 생각해 보면서 읽어 보면 좋을 거야. 성경 읽을 때의 기도와 생각하기 질문을 내가 인쇄하여 코팅했는데, 하나씩 받아 가지고 성경 책갈피로 하면서 기도하고 생각하면서 성경 읽기를 하자고.
- 네, 일단 진지하게 읽어 보겠습니다.

📖 성경 읽기 기도

하나님 아버지, 이 성경 말씀을 읽을 때
하나님나라의 진리를 깨닫는 지혜를 주세요.
하나님의 뜻을 알게 하시고 순종할 능력도 주세요.
나를 향한 하나님 아버지의 마음의 소리를 듣고 따르게 해주세요.
예수님 이름으로 기도합니다. 아멘.

📖 성경 읽으며 생각하기

* 성경을 읽을 때 무엇보다도 나를 향하신 하나님 아버지의 음성을 들어보자.

1) 이 말씀은 나(인간)에 대하여 무엇을 가르치는가?(나를 알아가는 과정)
2) 이 말씀은 예수님(하나님)에 대하여 무엇을 가르치는가?(하나님을 알아가는 과정)
3) 이 말씀은 어떻게 구원의 길을 가르치는가?(구원의 진리)
4) 이 말씀은 내게 어떤 책망의 음성을 들려주는가?(회개 또는 고백)
5) 이 말씀은 나에게 어떻게 살라고 가르치는가?(교훈/가치관)

— 그래, 마태복음을 다 읽고 다음 주에 만나자고. 만약 다 읽지 못하는 사람이 있으면 모두가 다 읽을 때까지 반복하여 또 읽어야 하니까, 우리 다른 사람에게 해 끼치지 않도록 다 책임감과 진지

함을 가지고 읽어 보자.
- 네, 나를 위해서 읽는 거지요 뭐.
- 결국 내가 은혜 받고 복을 받는 것이지. 어쨌든 성경 읽는 기쁨을 누리게 되기를 축복하네.
- 오늘 모임은 이것으로 끝내나요?
- 끝내도 될 것 같은데, 왜 서운한가?
- 아니요. 혹 시간이 된다면 질문 하나 드려도 되나 해서요?
- 응, 시간은 문제 없어. 무슨 질문인데?
- 성경 읽을 때 기도와 질문은 어떻게 만드신 거예요? 어디서 아이디어를 얻으셨고, 무슨 철학이 있나요?
- 허허, 상복 형제, 그건 몰라도 돼. 그렇게 하다 보면 왜 그렇게 기도하고 왜 그런 질문을 하며 생각하라고 했는지 알게 될 거야. 우와, 이거 정신 차려야겠는걸? 어떻게 그런 질문을 다 하지?
- 그냥 궁금해서요.
- 그래? 그러면 대답해 주어야겠지. 성경에는 성경의 성격을 말해주는 구절이 있어. 디모데후서 3장 15-17절이지. 한번 읽어 볼까?

딤후 3:15-17 [15]또 어려서부터 성경을 알았나니 성경은 능히 너로 하여금 그리스도 예수 안에 있는 믿음으로 말미암아 구원에 이르는 지혜가 있게 하느니라 [16]모든 성경은 하나님의 감동으로 된 것으로 교훈과 책망과 바르게 함과 의로 교육하기에 유익하니 [17]이는 하나님의 사람으로 온전하게 하며 모든 선한 일을 행할 능력을 갖추게 하려 함이라

우선 15절에서 성경이 어떤 책인가 하는 힌트가 나왔는데, 무엇인

것 같은가?
- 구원에 이르는 지혜를 주기 위한 책인가요?
- 현철 형제가 정확히 찾았네. 성경은 구원의 진리를 가르쳐 주는 책이야. 그러므로 성경을 읽을 때 구원의 진리를 얻는 것이 가장 중요하지. 그런데 구원의 진리를 얻으려면 결국 구원이 필요한 자신을 깨달아야 하고, 우리를 구원하시는 하나님이 어떤 하나님인지 알아야 하지. 그래서 1~3번까지의 질문을 생각하며 읽으라고 한 거야.
- 그러면 4~5번의 질문은 왜 생각해야 하나요?
- 16-17절을 자세히 읽어 보게. 성경이 어떤 성격의 책인지 또 다른 의도가 있다고 말하고 있거든.
- 교훈과 책망과 의로 교육하기에 유익하다는 말인가요?
- 아하, 이제는 구원받은 사람들을 위하여 교훈을 주고 잘못된 것은 책망하고 의로 바르게 교육하기 위하여 말씀하시는 내용인가 본데요?
- 원더풀, 상복 형제는 통찰력이 대단하구나! 바로 그거야. 성경은 우리를 구원하는 구원의 진리를 가르치고, 구원받은 하나님의 자녀들에게는 하나님의 뜻을 따라 교육시키는, 하나님 아버지의 양육의 책이라네.
- 아, 그래서 아버지 하나님의 책망하시는 음성도 들어보고 잘못된 게 있으면 회개하고 고백하고 고쳐야 하는 것이군요?
- 그리고 적극적으로는 하나님의 뜻을 따라 사는 법을 배워야 하는 것이고요?
- 어허, 상복이도 현철이도 척하면 척이네. 성경 읽기를 통하여 두

사람 모두 엄청나게 성장하겠는데. 그래서 우리가 성경을 읽을 때 가장 좋은 태도와 관점은 하나님 아버지의 양육을 받는 자세로 읽는 거야. 그렇게 읽고 깨닫고 실천하면서 하나님의 사람으로 성장해 가는 것이 중요하다네.

- 17절을 보면 "이는 하나님의 사람으로 온전하게 하며 모든 선한 일을 행할 능력을 갖추게 하려 함이라"고 하거든요. 우리가 하나님의 사람으로 온전해지고 선한 일을 행할 능력을 갖출 때까지 하나님께서는 양육시키려고 성경 말씀을 주신 것이군요.
- 그렇다네. 여기 '선한 일을 행할 능력'이란 단순히 도덕적인 '선'만을 의미하는 게 아니고 사실은 하나님나라의 일을 포함한다네.
- 하나님의 사람으로 온전하게 되고 하나님나라의 일꾼으로 무장되려면 성경 말씀을 부지런히 읽고 따라야하겠군요?
- 그렇지. 그리고 우리가 성경을 읽을 때 하나 분명히 해둬야 할 것이 있는데, 깨닫는 대로 순종하여 실천하며 사는 것일세.
- 그래야 하나님 앞에 효자가 되고 하나님의 사람으로 성장하고 하나님나라의 일꾼으로 쓰임 받겠지요?
- 그렇지. 성경 말씀을 대할 때 순종하고 실행하는 것의 중요성을 성경에는 이렇게 말씀하신다네.

> **계 1:3** 이 예언의 말씀을 읽는 자와 듣는 자와 그 가운데에 기록한 것을 지키는 자는 복이 있나니 때가 가까움이라

- 결국은 지키는 것, 말씀대로 순종하여 사는 것이로군요?
- 그렇지.

- 그래서 그런 마음을 가다듬으며 기도하고, 그런 질문을 하면서 읽고 생각해야 하는 것이군요?
- 잘들 이해하였네. 자, 그러면 마태복음을 읽고 다음 주에 만나세. 기도하고 마칠까?

📚 마침 기도

하나님 아버지, 저희 세 사람이 매주 성경을 읽고 모여서 나누고 서로를 위하여 기도하는 바이블 코이노니아 모임을 갖기로 하였습니다. 우리 각자가 성경을 읽을 때에 성령님께서 가르치시고 깨닫게 도와주세요. 또한 깨닫는 대로 순종하여 살아갈 능력도 주옵소서. 예수님의 이름으로 기도합니다. 아멘.

2) 왜 성경 읽기인가?

- 첫 번으로 만나서 진행된 예비 모임의 대화록이군요?
- 그렇지.
- 코이노니아 모임이 단순한 코이노니아가 아니고 바이블 코이노니아, 성경 나눔이 포함된 코이노니아란 말이지요?
- 응, 맞아, 내가 전에 쓴 《코미멀》에서는 코이노니아 모임을 할 때 말씀 부분을 담임 목사님의 주일 설교를 다시 확인하고 어떻게 적용할 것인가를 나누도록 제안했어. 그러나 이번에는 각자 성경을 읽고 나누도록 제안하는 것이네.

《코미멀》에서는 코이노니아의 중요성을 희생시키지 않기 위하여 말씀 부분은 쉽고 가볍게 가도록 제안했고, 그 대신 별도로 제자훈련 모임이나 성경 공부 모임을 해서 말씀 훈련을 강화하는 쪽으로 제안했어. 비유컨대 코이노니아 모임은 가정이고, 훈련과 교육은 학교로 비유하면서 이중 시스템으로 가라고 했었지. 그러나 코로나 팬데믹을 거치면서 집단 교육은 말할 것도 없고 7명을 기준으로 하는 소그룹 모임도 어려운 때가 자주 있다는 사실을 자각한 거야. 이후에 설명하겠지만 이제는 BK3, 즉 세 명이 모이는 더 작은 소그룹으로 간다는 것이지. 그리고 별도의 제자훈련 프로그램이나 훈련 학교가 없다는 것을 전제하고, 코이노니아와 제자훈련을 이 작은 소그룹 안에서 통합할 필요를 느꼈어. 그래서 코이노니아 플러스 바이블이 된 것이고.

- 3명이 모이는 소그룹 안에서 코이노니아도 경험되어야 하고 동시에 제자훈련의 효과도 일으켜야 한다는 말씀이지요?
- 맞아. 먼저는 제자훈련의 효과를 위하여 어떤 교재를 공부하게 할지를 고민했는데, 가장 중요하고 기본적인 제자훈련은 성경 말씀대로 살도록 가르치는 것이 아니겠는가? 앞에서도 언급했지만, 하나님은 우리의 구원을 위하여 성경 말씀을 주셨고 또 당신의 자녀들을 교육하고 훈련하여 하나님의 사람으로 온전하게 하고 하나님나라의 능력 있는 일꾼으로 길러 내시려고 성경 말씀을 주셨다고 확신하네.
- 그렇다면 다른 어떤 교재보다도 성경 속으로 끌어들이고 스스로 성경을 읽고 따르고 순종하여 사는 삶으로 이끌어 주는 것이 진정한 제자훈련이 될 것이라는 믿음이라 그런 말씀이지요?

- 그래. '하나님 자신이 말씀하시게 하라'는 것이지. 히브리서 4장 12절 말씀은 내게 성경 말씀에 대한 믿음을 증가시켜 주었어.

> 히 4:12 하나님의 말씀은 살아 있고 활력이 있어 좌우에 날 선 어떤 검보다도 예리하여 혼과 영과 및 관절과 골수를 찔러 쪼개기까지 하며 또 마음의 생각과 뜻을 판단하나니

하나님의 말씀이 살아 있기 때문에 하나님 말씀이 당신의 자녀들을 양육하고 훈련할 것이다, 그런 확신이 생긴 것이야.
- 제자훈련 교재가 따로 만들어져 사용된 경우가 많은데 선배님은 성경 자체가 교재가 되는 것이 더 낫다고 믿게 된 것이군요?
- 그래. 또 한 가지 깨달음이 있어. 유난히 한국 그리스도인들은 기도에 비하여 삶이 엉망이라는 소리를 많이 듣거든. 말씀이 그리스도인의 삶을 만들어 주지 못한다, 즉 성경 말씀과 삶의 괴리가 크다는 말이야. 왜 그럴까?
- 아마도 한국 그리스도인들은 자신이 직접 성경을 읽고 묵상하며 말씀대로 사는 훈련이 빈약하기 때문은 아닐까요?
- 내 말이 그 말이야. 하여튼 나는 최고의 제자훈련 교재는 성경이라고 확신해. 내가 성장해 온 과정을 돌아보아도 나 자신이 성경을 읽고 말씀에 부딪힐 때 내게 변화가 오기도 하고 말씀을 붙들 때 내게 엄청난 긍정의 에너지가 왔다는 것을 다시 회상할 수가 있어. 그래서 '각자가 말씀에 붙들리는 인생이 되게 하는 것이 최상의 제자훈련이 아니겠는가?' 하는 확신을 갖게 된 것이지.
- 결국 정답은 성경이다, 성경 말씀에 이끌리게 하자, 그런 말씀이

군요?
- 성경 자체를 제자훈련 교재로 해야겠다고 생각한 이유는 또 있어.
- 무엇인데요?
- 왜 그런지 나는 항상 어떤 교재를 만들거나 시스템을 짤 때 세계 복음화라는 비전을 생각하는 습관이 있어.
- 그래서 선배님은 항상 '천하 만민', '세계 모든 민족'을 입버릇처럼 달고 살고, 실제로 100번 넘게 선교지에 가서 설교하고 가르쳤다고 하지 않으셨어요?'
- 그랬지. 그래서 늘 세계를 생각하는 편인데, 이번에도 어떤 특정한 교재를 만들어 제자훈련을 하게 된다면 선교지 곧 다른 나라로 갈 때 그 교재를 또 번역해야 하니 낭비가 된다는 것이야. 그러나 성경은 웬만한 나라에 다 번역되어 있어. 이 소그룹 코이노니아 제자훈련 사역은 급속도로 세계로 번져 갈 수 있을 것이라고 믿고 또 그렇게 만들어야 하니까 성경을 제자훈련 교재로 하여야 한다고 믿게 되었지. 성경 자체에 제자의 삶을 뿌리내리게 하는 것이 최대의 전략이 될 것이다, 그 말이야. 그래서 다른 교재를 보조로 사용할 수는 있지만 성경이 주교재가 되게 해야 한다고 확신하게 되었다네.
- 대단히 큰 비전이군요? 그런데 '성경 공부'라는 이름을 쓰지 않고 '성경 읽기'라는 이름을 쓰는 이유가 있나요?
- 공부라고 하면 지식을 추구하는 경향이 생기지. 여기서 우리는 성경 지식을 목표로 하지 않고 성경을 읽어 말씀대로 순종하는 삶을 추구하려는 것이니까 읽기라고 한 거야.
- 제자훈련은 '성경 말씀대로 순종하여 사는 훈련'이라는 점을 강조

하려는 것 같은데요?
- 맞아. 그리고 성경 공부라고 하면 그 성경 공부를 인도할 리더가 필요해. 그러나 성경 읽기는 리더의 부담이 많이 줄고, 누구라도 할 수 있으며, 서로 깨달아지는 분량만 나누고 순종하고 살면서 더불어 성장해 가는 것이지.
- 아, 굉장히 중요한 전략이네요? 성경 공부로 하면 이해 안 되는 부분을 다 해설해 줄 리더가 필요한데 읽기로 하면 이해가 부족한 부분을 남겨 둔 채로도 얼마든지 깨닫는 부분에 순종하면서 성장해 갈 수 있어서 소그룹 리더의 부담은 줄고 번식이 늘겠군요?
- 그렇다네.
- 'BK3 모임은 코이노니아가 핵심이다, 그러나 거기에 제자훈련이라는 과제를 함께 수행한다, 제자훈련은 성경을 교재로 한다, 성경 읽기는 공부가 아니라 순종하는 삶을 중요하게 여긴다' 이렇게 정리되는가요?
- 훌륭해. 정 목사가 아주 잘 이해하고 정리하였네.
- 그런데 선배님, 성경 읽기는 일주일에 약 30장을 읽기로 한다고 했는데요, 30이란 숫자에도 무슨 철학이 있나요, 아니면 성경적 근거가 있나요?
- 임 목사, 매사를 성경적 근거를 찾는 일은 좋지만 30이란 숫자에 성경적인 의미는 없어. 또 무슨 굉장한 철학이 있는 것도 아니고. 대략 그 정도 읽으면 많아서 부담이 되지 않고 또 너무 적어서 부담이 생기지도 않을 정도, 훈련의 의미를 둘 만큼의 분량이라고 생각한 거야. 내가 읽어 보니까 그랬어.

- 그렇군요. 그렇지만 성경 각 권이 다 30장 분량이 아니어서 일정하지는 않을 텐데요?
- 그래서 분량이 적을 때는 두 번, 세 번 읽도록 하기도 하지.
- 그래도 항상 상황에 따라 리더가 정해야 한다면 조금씩 차이 나는 결정을 할 수도 있고 그것도 신경 쓰일 것 같으니 정해 놓으면 좋을 것 같은데요?
- 그렇지? 그래서 내가 할 때는 이렇게 정해 놓은 게 있으니 참고 삼아 알려 주지.

주차	성경	장수	읽는 횟수	비고
1	마태복음	28	1	
2	마가복음	16	2	
3	누가복음	24	1	
4	요한복음	21	1	
5	사도행전	28	1	
6	로마서	16	2	
7	고린도전서	16	2	
8	고린도후서	13	2	
9	갈라디아서/에베소서	6+6/12	2	
10	빌립보서/골로새서	4+4/8	3	
11	데살로니가전·후서	5+3/8	3	
12	디모데전·후서, 디도서, 빌레몬서	6+4+3+1/14	2	
13	히브리서/야고보서	13+5/18	2	
14	베드로전·후서	5+3/8	3	
15	요한 1·2·3서/유다서	5+1+1+1/8	3	
16	요한계시록	22	1	

주차	성경	장수	읽기 횟수	비고
1	창세기	1–25	1	
2	창세기	26–50	1	
3	출애굽기	1–20	1	
4	출애굽기	21–40	1	
5	레위기	27	1	
6	민수기	36	1	
7	신명기	34	1	
8	여호수아	24	1	
9	사사기	21	1	
10	룻기	4	5	
11	사무엘상	31	1	
12	사무엘하	24	1	
13	열왕기상	22	1	
14	열왕기하	25	1	
15	역대기상	29	1	
16	역대기하	36	1	
17	에스라/느헤미야	10+13/23	1	
18	에스더	10	3	
19	욥기	1–21/21	1	
20	욥기	22–42/21	1	
21	시편	1–30/30	1	
22	시편	31–60/30	1	
23	시편	61–90/30	1	
24	시편	91–120/30	1	
25	시편	121–150/30	1	
26	잠언	31	1	
27	전도서/아가	12+8/20	1	

주차	성경	장수	읽기 횟수	비고
28	이사야	1-22/22	1	
29	이사야	23-44/22	1	
30	이사야	45-66/22	1	
31	예레미야	1-30/30	1	
32	예레미야/예레미야애가	31-52/21+5/26	1	
33	에스겔	1-24/24	1	
34	에스겔	25-48/24	1	
35	다니엘	12	2	
36	호세아	14	2	
37	요엘/아모스	3+9/12	2	
38	오바댜/요나/미가	1+4+7/12	2	
39	나훔/하박국/스바냐	3+3+3/9	3	
40	학개/스가랴/말라기	2+14+4/20	1	

왜 코이노니아인가?

2부

― 자, 이제 실제로 첫 번째 BK3 모임을 어떻게 하는지 두 번째 녹화 기록을 살펴보기로 하지.

바이블 코이노니아 모임(1)

　기도, 찬양, 말씀 나누기
― 김 집사님 한 주 동안 평안하셨습니까?
― 응, 상복 형제, 현철 형제도 잘들 지냈지?
― 네, 성경 읽느라고 생활 패턴이 좀 달라지기는 했지요.
― 그래, 어떻게?
― 뭐랄까, 좀 경건해졌다고 할까요?
― 그리고 좀 더 부지런해진다고 할까요?
― 좋은 현상이군. 자, 우리 기도하고 찬송하기로 할까?

하나님 아버지, 지난 한 주간도 주님의 은혜로 지켜 주시고 복 주신 것을 감사합니다. 늘 어수선하고 전염병으로 불안한 여건 속에서도 우리를 안전하고 평안하게 지켜 주신 것을 감사합니다. 오늘 우리가 주님을 예배하고 주님의 말씀을 나누며 서로의 삶도 나누면서, 주님을 만나고 주의 음성을 들으며, 서로 사랑하는 바이블 코이노니아 모임을 가지려고 합니다. 주님, 이 자리에 오셔서 저희와 함께하여 주시고, 또 가르치고 진리로 인도하시며 우리의 기도에 응답하여 주시옵소서.
예수님의 이름으로 기도합니다. 아멘.

- 찬송 부르지. 그런데 형제들이 아직 초신자들이라 아는 찬송이 많지 않겠지?
- 외우기까지 하는 찬송은 거의 없습니다. 김 집사님께서 부르면 따라 부를 수 있을지 모르겠네요?
- 그럼 단순한 멜로디를 가진 복음송으로 찬송하기로 하지.

좋으신 하나님 좋으신 하나님 참 좋으신 우리 하나님
우리의 기도를 응답해 주시는 참 좋으신 우리 하나님
한없는 축복을 우리게 주시는 참 좋으신 우리 하나님

- 한 번 더 부르지.

좋으신 하나님 좋으신 하나님 참 좋으신 우리 하나님
우리의 기도를 응답해 주시는 참 좋으신 우리 하나님

한없는 축복을 우리게 주시는 참 좋으신 우리 하나님

- 자 그러면 지난 주간 우리가 마태복음을 읽기로 했는데, 성경을 읽는 동안 무엇을 깨닫고 어떤 축복이 되었는지 나누어 볼까? 누가 먼저 할까, 상복이?
- 마태복음 읽기를 시작하자마자 낯선 이름들로 이루어진 족보 같은 게 나와서 시작이 어려웠습니다. '뭐 이런 게 있지?' 저도 모르게 그런 생각이 들었어요.
- 맞아요. 저도 그런 느낌이었어요.
- 그래, 하기야 나도 처음 마태복음을 읽을 때는 마찬가지였어. '뭐 이런 이상한 책이 다 있어!' 나도 첫인상이 그랬던 것 같아. 그래도 다 읽었겠지?
- 물론 인내를 가지고 읽었지요. 족보가 길지 않아 다행이더군요. 그런데 다 읽기는 했는데 뭐가 뭔지 다 모르겠어요. 하나님나라 진리가 무엇인지, 내가 누구인지, 하나님이 어떤 분인지, 무엇을 책망하는지, 무슨 교훈을 하시는지 잘 모르겠더라고요.
- 그래? 상복이가 예수 믿은 지 얼마나 됐지?
- 뭐 믿는다고도 말할 수 없을 거예요. 믿고자 한다는 것이지. 교회 나온 지 이제 1년 정도 되었습니다. 예수님 탄생 이야기를 읽는 중에 마리아와 요셉이 결혼하기 전에 아기가 잉태하였다고 하여서 처음엔 발칙한 생각이 들었습니다. 그런데 그게 성령으로 잉태되었다는 거예요. 이게 무슨 소리인가 하고 한참 생각해 보다가, '아마 하나님이 사람이 되었다는 이야기 같은데 이게 가능한 이야기인가? 뭐 그럴 수도 있겠다. 하나님은 전능하다니까 어떤 일

도 가능하겠지' 하면서 생각이 왔다 갔다 하는 거예요.
- 그래서?
- 그래서 읽는 도중에도 시작할 때 하던 기도를 중얼거리며 생각하게 되더라고요. '하나님나라의 진리를 가르쳐 주시고, 내가 누구인지 알게 하시고, 예수님이 누구인지 알게 하시고'라고 중얼거리는데 번뜩 이런 생각이 드는 거예요. '아하, 하나님께서 인간을 구원하시려고 인간의 눈높이로 오셨다는 이야기인가? 인간의 눈높이로 오신 하나님을 예수님이라고 하는 것인가?' 하는 생각 말이에요.
- 우와, 상복이에게 성령께서 함께하신 것 같은데! 그렇게 깨달아졌다고? 대단한 깨달음이야. 놀라운 일이 아닐 수 없는걸. '인간의 눈높이로 오신 하나님'이라, 이건 명언이야.
- 정말 명언인데요? 상복이에게 신이 내렸던 모양이에요, 집사님.
- 그렇네. 또 다른 내용은?
- 잘 이해가 안 되는데요, 전체를 읽는 동안 한두 번 반짝하는 깨달음이랄까, 부딪치는 느낌이랄까 그런 게 있었어요. 그중 또 하나는 내가 수지맞는구나 하는 생각이었어요.
- 수지맞아? 그게 무엇인데?
- 마태복음 7장 7절부터 11절 말씀인데요. '구하면 주신다', '찾으면 찾는다', '문을 두드리면 열린다', '구하는 자에게 하늘 아버지께서 좋은 것으로 주시지 않겠느냐?' 이 부분을 읽는데 마치 하나님이 나에게 하시는 말씀처럼 다가와서 제 마음에 품고 기도하기로 했어요. 제가 지금 대학교 졸업반이다 보니 현실적인 걱정이 자주 많이 들거든요. 취직 걱정, 결혼 걱정 이런 것 말이에요. 그런데

이 말씀을 읽는데 "그런 걱정 그만하고 내게 구하고 기도해라" 그러시는 것 같더라고요.
- 상복 형제가 하나님 아버지의 사랑의 음성을 들은 것 같네. 축하해. 앞으로도 기도로 하나님께 아뢰면서 나아가길 바라네. 걱정 근심에서 자유로운 삶을 누리며 승리할 것 같아. 더 깨달은 게 있는가?
- 잘 모르겠어요. 그 두 가지만 느꼈고 나머지는 그냥 읽어야 하니 읽었습니다.
- 아, 좋아. 평생 성경을 읽을 거니까, 차츰 더 깨닫게 되는 거지. 그럼 이제 현철이가 이야기해 볼까?
- 네, 저도 잘 모르겠어요. 저도 두어 차례 반짝하는 생각이 온 것 같은데 제 마음에 걸리는 것이 있었어요.
- 마음에 걸렸다고?
- 네, 마태복음 5장 21절부터 이런 말씀이 있거든요

> **마 5:21-22** ²¹옛 사람에게 말한 바 살인하지 말라 누구든지 살인하면 심판을 받게 되리라 하였다는 것을 너희가 들었으나 ²²나는 너희에게 이르노니 형제에게 노하는 자마다 심판을 받게 되고 형제를 대하여 라가라 하는 자는 공회에 잡혀가게 되고 미련한 놈이라 하는 자는 지옥 불에 들어가게 되리라

아, 제 얘기를 하기 전에요, 집사님 여기 '라가라 하는 자는 공회에 잡혀 가게 된다'고 하는데 '라가'가 무슨 말이고, '공회'는 무슨 말이에요?

– '공회'는 이스라엘에서 일종의 원로회의 같은 것이라고 들은 것 같고, '라가'라는 말은 무슨 욕설이라는데 멍텅구리, 바보, 멍청이, 그런 뜻이라고 목사님께서 설명하시는 걸 들은 것 같은데 나도 잘 몰라.

– 아, 지독한 욕설이라서 번역을 못한 모양이네요? 그러면 대략 분위기는 이해가 됩니다. 저는 이 부분에서 좀 걸렸거든요. 사실 제가 아버지를 좀 경멸하고 미워했습니다. 자주 술 취해 들어오고, 가족들의 생활을 책임지지도 못하면서 큰소리는 치고, 그래서 직접 듣게는 안 했지만 속으로 나 혼자 중얼거리면서 "병신 같은 게, 아이구, 차라리 지구를 떠나 버려라" 그렇게 중얼거린 일이 많았거든요. 이 구절을 읽는데 제 마음이 걸리더라고요. 예수님이 살인하지 말라는 계명에 대하여 말씀하시면서 실제로 사람을 죽인 것만이 아니라 누구에게 분노하는 것도 큰 죄가 되고 말로 상처 주는 것도 큰 죄라고 말씀하시는 것 같아서, 내가 아버지에게 분노하고 미워하는 것이 큰 죄로구나 하고 죄책감을 크게 느끼게 되었거든요. 그렇게 죄책감을 느끼기 시작하면서 계속 읽어 나갔는데 5장 43절에 보니 예수님은 원수까지 사랑하라고 한단 말입니다. 아니, 원수까지도 사랑하라는데 나는 내 아버지를 미워하고 있으니 내가 참 한심한 죄인이구나 깨달아지면서 눈물이 났어요. 그래서 하나님께 용서를 빌면서 눈물로 회개했습니다.

– 이봐, 현철이, 지금도 울어? 아하, 이건 성령님이 감동하신 것이야. 오히려 하나님이 현철 형제를 사랑한다는 증거가 아닌가? 깨닫고 회개하고 새롭게 하시는 하나님의 사랑이요 은혜네. 감사한 일이지.

- 아, 죄송합니다. 지금도 눈물이 나서…. 분위기를 이상하게 해서 죄송해요.
- 아니야, 이것은 진정성이니 미안해 할 게 전혀 없어. 오히려 감사한 일이지. 그래서 그 외에 더 깨달은 것은 없나?
- 하나 더 있어요. 6장 19절부터 마지막 부분을 읽다가 재물과 관련해서 또 번쩍 깨달아진 게 있어요. 사람들은 보통 재물, 즉 돈을 많이 벌려고 아등바등하지 않아요?
- 그래서?
- 그런데 보물을 땅에 쌓아 두지 말고 하늘에 쌓으라고 하시면서 땅에 쌓은 보물은 좀이나 동록이 해하고 도둑이 훔쳐가기도 한다고 하거든요. 이 땅에서 재물이라는 게 절대적인 가치가 아니라고 하는구나 깨달았고요, '무엇을 먹을까, 무엇을 마실까, 무엇을 입을까 염려하지 마라'고 하는 말씀에 위로를 얻었고 믿음이 생겼습니다. 내가 하나님을 믿고 사는 이상 이런 생존 문제에 얽매이고 염려하고 살 것이 아니라, 하나님나라의 가치와 하나님의 뜻을 구하고 믿음으로 살아야겠구나 하는 확신을 갖게 되었습니다.
- 현철이는 자신의 죄인 됨을 깨닫고 회개하고, 하나님의 자녀 된 확신 속에 살면서 보다 나은 가치를 추구하는 교훈까지 얻었으니 대단하군. 마태복음 한 번만 읽고도 이런 깨달음과 은혜를 받다니 앞으로 계속 읽어 나가면서 받게 될 은혜와 축복이 너무 기대되네. 다른 것은 더 깨달은 게 없는가?
- 네, 나머지는 그냥 읽느라고 읽었습니다. 번쩍 깨달아지거나 다가오는 것을 알지 못했습니다.
- 아, 상복이나 현철이나 이 정도 깨닫고 은혜 받았으면 대단한 것

이야. 이제 내 차례인데, 나는 이번 마태복음을 처음 읽는 것은 아니고 여러 번 읽었지만, 이번에는 나도 두 가지 말씀이 내게 부딪쳐 오고 다가온 것 같아.
- 집사님도 우리처럼 두 가지예요? 무엇무엇인데요?
- 하나는 7장 1절에 나오는 비판하지 말라는 말씀이야. 내가 좀 비판적이고 교만하거든.
- 집사님은 본인이 교만하다는 것을 알아요? 본인이 교만하다는 것을 알면 겸손해지지 않나요?
- 내가 교만하다는 것을 자주 깨달아. 그런데 또 교만해. 참 한심하지. 하여튼 며칠 전에도 우리 교회 장로님 하는 꼬락서니가 맘에 안 들어서 비난하는 말을 내뱉고 말았는데 이게 걸려서 나도 회개하는 기회가 되었지. 그리고 장로님께도 찾아가 사죄하고 화해했어.
- 무슨 비판을 했는데요?
- 자세한 내용은 별로 덕이 안 될 것 같으니 알려고 하지 말고. 하하.
- 네, 좋아요. 그렇다면 또 한 가지는 무엇인가요?
- 또 하나는 25장 31절 이하에 나오는 양과 염소의 비유를 읽을 때인데, 지극히 작은 자 한 사람에게 한 것이 예수님께 한 것이라고 하면서 주릴 때에 먹이고, 목마를 때 마시게 하고, 헐벗었을 때에 옷을 입히고, 병들었을 때에 돌보고, 옥에 갇혔을 때에 찾아 주었다고 하신 부분이야.
- 네, 그렇지요? 저도 거기 읽을 때 감동을 좀 받은 것 같아요. 결국 이 세상에 어려운 사람을 돌보면 그게 예수님을 대접한 것이라는 뜻 아닌가요?

- 그렇지. 나는 이 말씀을 읽을 때 생각나는 게 있었어.
- 무엇인데요?
- TV 공익광고 중에 유니세프가 굶주린 아프리카 아이 사진과 함께 돕자고 광고할 때 나도 동참할까 하는 마음이 있었지만 그냥 말았는데, 이 말씀을 읽는 동안 그들을 도우라는 감동이 다시 오는 거야. 그 아이들을 돕는 것도 예수님을 대접하는 것이라고. 그래서 매월 정기 후원을 결심하고 당장 자동 이체를 신청했어.
- 와우, 집사님 박수 보냅니다.
- 쑥스럽네. 아주 작은 것이야.
- 저도 돈 벌게 되면 그런 봉사에 참여하겠습니다.
- 좋지. 그렇게 하게. 자 그러면 우리 각자 깨달은 것에 감사하고, 깨달은 대로 실천하여 살도록 도와 달라고 기도할까? 통성으로 기도해 보자.
- 잠깐만요, 집사님. 통성으로 기도한다는 게 무슨 말이지요?
- 동시에 각자 소리를 내서 각자의 마음을 하나님께 아뢰는 기도를 말하지.
- 아, 그러면 지금 누가 대표로 기도하는 것이 아니고 우리 셋 다 각자 소리 내서 기도하는 것이라고요?
- 그래. 기왕이면 우리의 진정성을 극대화하는 의미에서 부르짖어 기도하자고.
- 큰 소리로 부르짖어 기도해요?
- 응, 그래.

📚 통성기도 후 리더의 대표기도

주님 우리 각자에게 필요한 대로 말씀을 깨닫게 하시고 회개하게 하시고 결단하게 하시고 실천하게 하시니 감사합니다. 성령님께서 도와주셔서 더 깊이 깨닫고 더욱 순종하여 하나님의 사람으로 성숙하여 가게 하시고, 하나님나라의 선한 일꾼으로 능력 있게 하여 주옵소서. 예수님의 이름으로 기도합니다. 아멘,

삶과 기도 제목 나누기

- 자, 이제는 지난 일주일 동안 어떻게 살았는지 감사한 일 중심으로 나누고, 기도 제목 나누고 함께 기도하는 시간을 갖도록 하지.
- 일주일 사는 동안에 감사했던 일을 나누자고요?
- 응, 감사했던 일과 기도 제목을 함께 나누자. 이 또한 상복이부터 나눌까?
- 일주일 살면서 이 코로나 팬데믹 시대에 병 걸리지 않고 살고 있다는 것이 감사하게 느껴지더라고요. 특별한 일은 없었고요, 아무래도 제가 이번에 성경을 본격적으로 읽으면서 하나님께 가까이 가게 되고, 특히 기도하면 응답하신다는 말씀이 나를 위한 약속처럼 다가와서 근심 걱정 내려놓고 기도하게 되었다는 것이 제일 감사한 일이에요. 그리고 기도 제목은, 걱정은 내려놓았지만 이제 제가 대학 졸업반이고 취직 걱정이 많았는데 취직의 문이 열리게 해 달라는 거예요. 함께 기도해 주시면 감사하겠습니다.
- 그러고 보니 상복 형제는 큰 감사의 제목을 얻었네. 걱정거리를 기도로 바꾸게 되었으니 말이야. 자 우리 함께 바이러스로 불안

한 시대에 병들지 않고 지켜 주신 것에 함께 감사하고, 상복이에게 기도의 확신을 주신 것에 감사하면서 상복이가 졸업과 동시에 또는 졸업도 하기 전에 취직이 이루어지기를 위하여 함께 통성으로 기도하고 내가 마무리 기도할게. '주여'를 한 번 부르짖고 통성으로 기도하자.

📖 통성기도 후 마무리 기도

하나님 아버지, 바이러스가 창궐한 때에도 상복이뿐 아니라 저희들 모두를 지켜 주시니 감사합니다. 상복이의 근심 걱정 다 거두어 가신 하나님 감사합니다. 다만 우리가 함께 기도하오니 상복이 졸업과 동시에 또는 그 이전에 취직의 문이 열리게 하여 주옵소서. 기도 응답의 약속을 주신 하나님 아버지를 믿고 의지합니다. 감사합니다. 예수님 이름으로 기도합니다. 아멘.

- 자, 그러면 이제 현철이가 나눌까?
- 네 저는요, 많은 청년들이 취직을 걱정하는 시대에 직장 생활 하며 안정된 청년 시절을 보내고 있다는 게 감사하다는 생각이 들고요, 지난 한 주간 가장 감사한 것은 역시 성경을 본격적으로 읽으면서 아버지를 미워한 죄를 회개하고 미움으로부터 해방되었다는 것 같아요. 기도 제목은, 좀 망설여지지만 용기를 내서 말씀드려야 할 것 같아요. 제가 간질이 있거든요. 자주 나타나거나 심하지는 않은데 지난주 화요일 회사에서 화장실 갔다가 잠시 의식의 이상을 느끼고 한 1분 정도 쓰러졌어요. 아무도 본 사람이 없어

아무 일도 없었다는 듯 사무실에 돌아와 일했습니다만, 이게 불치병이라고도 하잖아요. 그런데 지난주에 마태복음을 읽다 보니 예수님께서 각색 병자를 다 고쳐 주시더라고요. 예수님이라면 간질도 고쳐 주실 수 있지 않겠나 하는 믿음도 생기고, 오늘 코이노니아 모임에서 나누고 함께 기도하면 응답될 것 같은 믿음이 들었습니다.
- 아, 그래 형? 나는 형이 그런 질병이 있는 줄 몰랐네.
- 그랬구나. 사람들이 간질에 대하여 잘 모르고 정신병자 취급하고 멀리하는 경향이 있는데 몰이해 때문에 생긴 오해야. 하여간 하나님은 전능하신 하나님이고 우리 몸의 창조자이시며 '나는 치료하는 여호와'라고 말씀하신 하나님이니 우리 기도하여 응답 받기로 하자. 현철 형제의 병이 마치 내 병인 것처럼 느껴 보면서 사랑의 간절함으로 이 질병을 함께 짊어지고 하나님께 나아가 부르짖고 기도하자. 자, 우리 현철이 어깨에 함께 손을 얹고 사랑의 마음을 쏟아부으며 간절히 기도해요. 통성으로 기도합니다.

📖 통성기도 후 마무리 기도

사랑과 은혜가 풍성하신 하나님 아버지, 현철 형제에게 안정적인 직장을 주신 것 감사합니다. 특히 하나님의 말씀에 감동받고 아버지를 미워하던 죄를 회개할 수 있게 도와주시고 미움으로부터 해방시켜 주신 것에 감사합니다. 그런데 간질을 앓고 있다고 하니 이제 전능하신 하나님의 손으로 만져 주시고 치료하여 주시옵소서. 고장난 것을 치료하여 간질에서도 해방되게 하여 주시옵소서. 전능하며 사랑하는 하나님 아버지의 손길을 기대하며 예수님 이름으로 기도합니다. 아멘.

- 간질은 또 발작이 일어날 때까지는 있는지 없는지 알 수 없지 않아요? 주님께서 치료하신 줄 믿고 감사하며 살아갑시다.
- 아멘. 김 집사님은 어떤 감사와 기도 제목이 있으신가요?
- 내 경우는 지난 주간에 시골에 계신 부모님 댁에 다녀왔는데 부모님 두 분 다 아직 살아 계시고 건강하신 게 너무 감사했어. 기도 제목은, 지금까지 세 들어 살다가 최근에 아파트 하나를 계약했는데 돈이 모자라서 잔금 치를 일이 좀 걱정이 되거든. 은행에 대출 신청도 했는데 잘 해결되어 내 집 마련이 순조롭게 진행되도록 기도해 줘.
- 아, 드디어 집사님께서도 내 집 마련의 꿈이 곧 실현되겠군요.
- 그래, 함께 기도해 주면 그리 될 것 같네. 통성으로 기도한 후 현철 형제가 대표로 마무리 기도를 해줘.

📖 통성기도 후 마무리 기도

하나님 아버지, 우리 김 집사님 부모님께서 건강하게 살고 계셔서 감사합니다. 또한 김 집사님이 마련하기 힘든 내 집 마련의 기회를 주신 것을 감사합니다. 재정이 좀 부족해서 염려가 되어 주님에게 이 시간 간절히 기도합니다. 채워 주시옵소서. 해결하여 주시옵소서. 예수님의 이름으로 기도합니다. 아멘.

영혼 구원을 위한 중보기도

- 이제 영혼 구원을 위한 중보기도를 할 텐데 우리가 아직 태신자를 정하지 않았으니, 이 지역 전체를 위한 기도와 누구를 태신자로 정하면 좋을지 기도하고 마치기로 하자.
- 태신자가 무슨 말이에요?
- 어머니가 자식을 잉태하여 태 안에 아기를 품어 키우다가 태 안의 아기가 다 자라면 세상에 태어나지 않나? 그러한 잉태와 탄생의 과정을 비유로 하여 쓰는 말로서, 우리의 마음과 생각이라는 태중에 장차 구원받고 영적으로 태어날 영혼을 품는다는 의미로 사용하고 있어. 쉽게 말하자면 우선적으로 전도할 전도 대상자를 의미해.
- 그러면 우리가 각자 전도 대상자를 품고 기도한다는 말인가요?
- 그렇지. 일주일 동안 우리 각자가 우리 주변에서 우선적으로 전도해야 할 대상이 누구인지 감동시켜 달라고 하나님께 기도하면서 두 사람 정도의 전도 대상자를 정하여, 다음 주부터는 모일 때마다 기도하기로 하자고. 우리는 다른 영혼들에게 복음, 구원의 소식을 전하는 사명이 있고 전도는 기도로 시작되기 때문이지.
- 일주일 동안 우선적으로 전도해야겠다고 생각되는 사람 이름을 2명씩 정해 가지고 오라는 말씀인가요?
- 응, 그렇지. 자, 그럼 본격적인 영혼 구원을 위한 중보기도는 다음 주부터 하기로 하고 오늘은 내가 대표로 기도할게.

하나님 아버지, 우리가 이제 우리들만 주님 사랑을 누릴 뿐 아니라 우리의 친구, 친척 또는 이웃에게도 이 복음을 전하여 저들도 구원받아 주님의 사랑과 은혜와 축복을 누리게 하고 싶습니다. 우리가 각자 우선적으로 전도해야 할 대상이 누구인지 알게 하시고, 먼저 위하여 기도할 대상을 정할 수 있게 하여 주옵소서. 우리 마음에 영혼을 향한 뜨거운 사랑의 마음을 부어 주시고 기도할 수 있게 하시고 전도할 수 있게 하여 주옵소서. 예수님 이름으로 기도합니다. 아멘

자, 다시 한 주간 동안 승리하고 만나지. 다음 한 주 동안 읽을 성경은 마가복음이지?
- 네, 마가복음은 16장까지라서 읽는 게 좀 쉽겠네요.
- 참, 우리가 한 주간에 약 30장씩 읽기로 했지? 마가복음은 16장으로 우리 기준으로는 30장의 절반 정도밖에 안 되니까, 마가복음은 한 주간 동안 두 번 읽고 오는 거야.
- 아이 현철 형, 왜 16장이라 쉽겠다는 말을 해 가지고 숙제를 늘려요?
- 아, 그렇게 되었네?
- 아니, 이 사람들이 하나님 말씀을 많이 읽을 생각은 안 하고 그걸 부담으로 여기는 거야?
- 말이 그렇다는 거예요. 알겠습니다. 두 번 읽으면 깨닫는 것도 더 많겠지요.
- 숙제를 늘렸다고 생각하지 말고 축복을 늘렸다고 생각해.
- 네, 축복을 배로 받겠습니다. 그럼 다음 주에 뵙겠습니다.
- 오케이. 승리!

1) 왜 코이노니아인가?

- 선배님, 이 모임을 보니까 두 번 나누네요. 성경 읽기 한 것과, 감사와 기도 제목 등 삶에 대한 것, 두 차례 나눔을 한 것 맞지요?
- 그렇지.
- 그러면 시간이 많이 소요되지 않나요?
- 시간이 많이 소요되지. 그러나 전체가 세 명밖에 안 되니까 2시간 정도로 잡으면 넉넉해. 그래야 진지해지고 깊어지고, 서로 공감하고 사랑하고 하나 되는 코이노니아가 경험되는 것이지.
- 그리고 특이한 것이 있어요. 삶을 나눌 때는 세 사람이 다 나누고 함께 기도하는 것이 아니라 한 명 나누고 그 한 명을 위해 기도하고, 또 한 사람 나누고 또 기도하고, 세 사람 모두 그렇게 하네요?
- 그렇지. 지금까지 우리들의 구역 모임에서는 대체로 기도 제목만 받고 한 번에 도매금으로 기도하고 끝내는 경우가 많았는데, 진정한 코이노니아 경험을 위해서는 한 사람 한 사람의 짐을 함께 지고 하나님께 나아가는 사랑의 기도가 중요해. 우리의 코이노니아는 우리 사람끼리만의 코이노니아가 아니므로 사람끼리 나누고 끝내든지 형식적으로 도매금으로 기도하고 끝내는 경우가 되면 안 돼. 그런 사랑의 기도를 통해 반드시 응답하시는 하나님을 체험적으로 만나야 한다네. 이 소그룹 모임에서는 반드시 코이노니아 경험이 일어나야 해. 주님과 함께하는 삼위일체적 코이노니아 말이야.
- 선배님, 선배님 말씀에 계속해서 삼위일체적 코이노니아를 강조하

시는데, 코이노니아가 과연 무엇이고 왜 코이노니아가 중요한 것인지를 한번 정리하여 설명해 주시면 좋을 것 같습니다.

- 그럴까? 나는 교회의 본질을 '코이노니아 공동체'로 이해하고 있어. 코이노니아라는 말은 그리스어이고 신약 성경 원서의 언어로, 우리말로는 사귐, 교제, 친교, 나눔 등을 의미해. 그러나 성경적 깊이로 이해할 때 여기서 말하는 코이노니아는 단순한 사람 사이의 친교가 아니라 나와 너, 그리고 하나님과 함께 하는 삼위일체적 친교를 의미한다네.

- 그러니까 일단 성경적 코이노니아는 나와 너라는 사람 사이의 교제만이 아니라 하나님과도 함께하는, 나와 너와 하나님이 삼위일체적으로 만나고 친교하고 하나 되는 그런 코이노니아라는 말씀이지요?

- 그렇지. 성경적 의미의 코이노니아는 교회의 본질이기 이전에 사실 인간의 본질적 존재 방식이라고 나는 깨닫고 있네. 내가 발간한 《코미멀》과 《친교 영성》이라는 두 권의 책에서 반복적으로 코이노니아의 진리와 중요성을 기술한 바 있는데, 좀 더 이해하기를 원한다면 그 두 권의 책을 참조하게. 특히 이번 주제 'BK3 3대 비전'은 코미멀의 원리에 대한 새로운 적용이기 때문에 《코미멀》이 이해를 더해 줄 것일세. 그래서 길게는 설명하지 않고, 기본적인 개념만 반복해서 언급하려고 해.

- 네, 그 두 권의 책을 읽기로 하고요, 우선 코이노니아에 대한 기본적인 이해를 할 수 있도록 간단히 설명해 주시지요?

우리 이미지/ 코이노니아는 인간의 본질적 존재방식이다

- 성경 창세기는 하나님께서 인간을 하나님의 형상대로 만드셨다고 기록하고 있어. 창세기의 인간 창조 이야기로 가 볼까?

> **창 1:26-28** [26]하나님이 이르시되 우리의 형상을 따라 우리의 모양대로 우리가 사람을 만들고 그들로 바다의 물고기와 하늘의 새와 가축과 온 땅과 땅에 기는 모든 것을 다스리게 하자 하시고 [27]하나님이 자기 형상 곧 하나님의 형상대로 사람을 창조하시되 남자와 여자를 창조하시고 [28]하나님이 그들에게 복을 주시며 하나님이 그들에게 이르시되 생육하고 번성하여 땅에 충만하라, 땅을 정복하라, 바다의 물고기와 하늘의 새와 땅에 움직이는 모든 생물을 다스리라 하시니라

하나님의 형상이 무엇이라고 알고 있는가?
- 그간 신학은 하나님의 형상이 무엇인가를 논할 때 주로 하나님의 인격성, 도덕성, 영성을 언급했던 것 같습니다.
- 그렇지? 하나님의 형상 중 삼위일체 형상, 하나님의 '우리' 이미지에 주목하는 경우가 많지 않았는데 왜 그랬는지 모르겠어. 내가 볼 때 성경 전체적인 원리에서 하나님의 형상 중에 삼위일체적 형상, 즉 '우리' 형상이 매우 중요한 진리라고 생각되거든.
- 하나님의 형상이되 "우리의 형상을 따라 우리의 모양대로 우리가 사람을 만들고"라고 말씀하시는 부분의 중요성을 간과해서는 안 된다는 것이지요?
- 맞아. 여기 성경 이 구절에서 '우리'가 누구겠는가? 하나님이 누구와 상의한 것일까?

- 간혹 천사들과 협의했다고 보는 사람도 있지요?
- 더 그럴듯하게 경외의 복수로 해석하는 사람들도 있지. 이스라엘 사람들은 하나님에 대한 두려움, 경외심 때문에 하나님 이름을 있는 그대로 부르기보다 복수형 언어를 사용하여 부르는 경우가 있었다는 것이야.
- 그러니까 여기서 '우리'는 경외의 복수라고 해석한다는 말씀이지요?
- 그렇다네. 일리 있는 말이기는 하지.
- 그러나 대체로 복음주의 학자나 설교자들은 여기서 '우리'는 삼위일체 하나님이라고 이해하고 있는 것 같던데요?
- 그렇지. 나도 여기서 출발해. 삼위일체 하나님이 자기 안에서 삼위가 소통하고 합의하여 사람을 지으시는데 바로 이 삼위일체 형상 '우리' 이미지로 인간을 창조하셨다고 이해하는 거지. 그리고 삼위일체 하나님이 그 '우리' 이미지 즉 삼위일체 이미지로 사람을 창조했다는 점은 성경 전체를 이해하는 데 대단히 중요한 토대가 되는 것을 알게 되었어.
- 그렇다면 인간도 삼위일체적 존재란 말이지요?
- 하나님은 절대 완전자로서 자신 안에 삼위일체를 이루시지. 사람은 피조물이고 상대적인 존재라서 하나님과 동일하게 삼위일체를 이루지는 못하지만 삼위일체를 닮은 삶의 방식을 갖고 관계의 삼위일체로 살아가는 존재라고 이해했어. 나와 너와 하나님이 함께 삼위일체적 관계 속에 코이노니아를 이루며 사는 존재라는 거지. 인간은 처음부터 홀로 사는 존재가 아니고 더불어 사는 존재, 코이노니아를 이루며 사는 존재였고, 그래서 '너'라는 타자는 나를

완성하는 존재요 나의 삶의 의미가 되는 존재가 된다는 것이야.
- 인간은 하나님의 형상, 그중에 삼위일체적 형상 즉 '우리' 이미지로 창조되어 나와 너 그리고 하나님과 친교하며 사는 코이노니아를 삶의 본질로 삼게 된 존재란 말이지요?
- 그렇지. 이것이 인간 존재에 대한 본질적 진리가 되는 거야.
- 그렇다면 타락이란 하나님과 너와 이루는 코이노니아의 단절을 의미한다고 보아야겠군요?

타락/ 코이노니아 파괴

- 맞는 말이지. 세례문답을 공부할 때로 기억하는데 '인간의 근본적인 죄가 무엇이냐'는 질문에 답은 '하나님 말씀에 불순종한 것이다'라고 배운 것이 생각나네.
- 인간의 근본적인 죄는 살인죄, 간음죄, 절도죄 등 사회적인 죄가 아니라 하나님과의 관계에서 벌어진 영적 죄며, 그것은 곧 하나님 말씀을 불순종했다는 거지요? 그렇다면 그것은 하나님과의 관계 문제군요.
- 맞아. 그런데 따지고 보면 사실은 불순종보다도 더 근본적인 죄가 있어. 그것은 하나님 말씀에 대한 불신이야. 불신이 먼저 일어났고, 불신이 불순종을 가져온 것이지. 타락 이야기 한번 살펴보자고. 성경에 보면 선악과를 놓고 타락 이야기가 전개되는데, 하나님께서는 아담과 하와에게 선악과에 관해 뭐라고 말씀하셨던가?
- 선악과를 먹지 말라 하시고 먹는 날에는 죽으리라고 경고하셨지요.

창 2:17 선악을 알게 하는 나무의 열매는 먹지 말라 네가 먹는 날에는 반드시 죽으리라 하시니라

- 그런데 유혹자 뱀은 무엇이라 말하며 그들을 유혹하였는가?
- 열매를 먹어도 결코 죽지 않는다고 말했습니다.

창 3:4 뱀이 여자에게 이르되 너희가 결코 죽지 아니하리라

- 하나님의 말씀과는 정반대로 이야기한 것이 아닌가? 현대의 용어로 표현하자면, 선악과 하나를 놓고 두 개의 상반된 정보가 제공된 셈이야. 하나는 '먹으면 반드시 죽는다'이고, 다른 하나는 '먹어도 결코 죽지 않는다'야. 이렇게 서로 반대되는 정보가 제공된다면 우리는 어떤 정보를 선택해야 할까?
- 정보의 신빙성을 검증해야겠지요.
- 검증을 어떻게 해? 먹어 봐야 아는 문제라서 검증도 곤란하지 않겠나?
- 그렇다면 정보 제공자 중 누구를 신뢰할 것인가의 문제가 되는군요. 평소 신뢰 관계가 선택의 변수가 된다는 말이겠지요.
- 그렇지. 즉 누구 말을 믿을 것인가, 결국은 신뢰의 문제, 믿음의 문제인 거지. 그런데 하와와 아담은 누구 말을 믿었더라?
- 아, 뱀의 말을 믿었으니 하나님의 말씀을 불신한 것이군요.
- 하와와 아담은 하나님의 말씀을 불신하고 뱀의 말을 신뢰했다는 이야기인데 이것이 문제의 근본이야. 그렇다면 인간의 근본적인 죄는 하나님의 말씀을 불신한 것이라고 할 수 있겠지.

- 그러네요.
- 그럼 이제 타락의 열매는 무엇인가 생각해 볼까?
- 말씀하신 대로 죽는 것이지요? 죽음의 운명이 되는 것이고 영생을 상실하는 것 아닐까요?
- 맞아. 그러나 그것만이 아니야. 근본적으로 가장 먼저 일어난 고장은 하나님을 불신하므로 하나님과 갖는 코이노니아가 깨졌다는 것이지. 믿음 곧 신뢰는 코이노니아의 본질과도 같아. 그런데 하나님을 불신했다는 것은 하나님과의 코이노니아가 깨졌다는 뜻이고, 이것이 타락의 근본적인 문제가 된 것이라네.
- 아하, 그게 그렇게 되는군요. 하나님과의 코이노니아가 깨졌다면 인간 상호 간, 즉 아담과 하와 사이의 코이노니아는 어떻게 되었나요?
- 그들도 깨진 관계가 되었지. 자동적으로 깨진다고 말하는 것은 아니지만, 어쨌든 하나님과 코이노니아 관계가 깨졌을 뿐 아니라 오히려 뱀, 즉 사탄 또는 마귀와 코이노니아를 이루는 격이 되어 버렸어. 마귀의 영향을 받게 된 인간관계, 인간 간의 코이노니아도 깨지는 것은 당연한 귀결이었지. 마귀는 이 코이노니아를 깰 목적으로 유혹한 것이니까. 성경은 아담과 하와의 코이노니아도 여지없이 깨지는 모습까지 보여주고 있다네. 창세기 2장 23절에는 타락하기 전 아담이 하와를 맞이하면서 노래한 아름다운 시가 담겨 있다네.

> **창 2:23** 아담이 이르되 이는 내 뼈 중의 뼈요 살 중의 살이라 이것을 남자에게서 취하였은즉 여자라 부르리라 하니라

아담이 이렇게 감탄했지. 이것을 인칭으로 대치한다면, 아담은 하와를 몇 인칭으로 말한 셈인가?
- 1인칭이지요. 자신과 한 몸으로 인식했습니다.
- 그런데 선악과를 먹은 후에 하나님께서 아담에게 책임을 물으시자 뭐라고 대답했나?

> **창 3:12** 아담이 이르되 하나님이 주셔서 나와 함께 있게 하신 여자 그가 그 나무 열매를 내게 주므로 내가 먹었나이다

- 하나님이 주신 여자, 그래서 하나님에게 책임이 있다는 말투이고, 또 하와를 "여자 그가"라고 제3자로 부르고 있군요.
- 그렇지. 타락 이전에는 자기 뼈 중의 뼈요 살 중의 살이던 한 몸이 이제는 갈라진 것이야. 제3자로 전락시키는 것이지. 이것이 타락이라네. 인간 상호 간의 코이노니아도 깨지는 소리라고 할 수 있어.
- 그래서 타락한 인간 세상에 갈등과 배신, 서로 물고 먹는 저주와 살인이 무성하고, 온갖 죄를 생산하는군요.
- 맞아. 근본적으로 인간은 혼자 살도록 창조된 것이 아니라 하나님과 인간 상호 간 코이노니아를 이루며 더불어 살도록 창조되었다네. 그런데 타락하며 죄와 죄의 근원된 사탄의 영향을 받으며 서로 죽이는 죄인의 삶으로 전락한 것이지.
- 그렇다면 구원이란 단순히 지옥 갈 사람을 천국 가게 하는 것만이 아니라 이 코이노니아를 회복하게 하는 차원도 구원의 범주에 속한다고 보아야 하겠군요.
- 그렇지. 예수님의 십자가가 무엇인가?

십자가/ 코이노니아 회복

- 우리 죄를 담당하시고 대신 심판을 받으신 대속의 십자가지요.
- 맞아. 그런데 그 십자가가 참으로 신비한 상징이 된다고 생각되지 않나? 선 두 개가 하나는 위아래로, 하나는 좌우로 그어져 있어.
- 코이노니아를 생각하며 보니 대단한 상징인데요. 두 개의 다리가 십자가로 놓였는데 하나는 하나님과 나의 끊어진 관계를 이어 주는 다리이고, 하나는 너와 나와의 관계를 이어 주는 다리로 상징되는 것처럼 보이네요.
- 그렇지. 성경도 그것을 강하게 증거해 주고 있지.

> 엡 2:14-18 [14]그는 우리의 화평이신지라 둘로 하나를 만드사 원수 된 것 곧 중간에 막힌 담을 자기 육체로 허시고 [15]법조문으로 된 계명의 율법을 폐하셨으니 이는 이 둘로 자기 안에서 한 새 사람을 지어 화평하게 하시고 [16]또 십자가로 이 둘을 한 몸으로 하나님과 화목하게 하려 하심이라 원수 된 것을 십자가로 소멸하시고 [17]또 오셔서 먼 데 있는 너희에게 평안을 전하시고 가까운 데 있는 자들에게 평안을 전하셨으니 [18]이는 그로 말미암아 우리 둘이 한 성령 안에서 아버지께 나아감을 얻게 하려 하심이라

둘로 하나를 만드신다든지 또 둘을 한 몸으로 하나님과 화목하게 한다든지, 둘이 아버지께 함께 나가게 한다는 말씀은, 나와 너도 하나 되고 하나님과도 하나 되게 하는 코이노니아의 회복을 말한다네. 물론 여기 둘이 하나 되는 것은 직접적으로는 유대인과 이방인을 하나 되게 한다는 말이긴 하지만, 궁극적으로 갈라

진 인간 간의 코이노니아를 이어 회복하고 또 하나님과의 코이노니아를 이어 회복한다는 뜻임에는 틀림이 없지.
- 그렇다면 구원이란 단순히 지옥 갈 영혼을 천국 갈 영혼으로 구원한다는 것만 아니고, 하나님과 인간 상호간에 누리는 코이노니아를 회복하게 하는 것까지 포함하는 것이라고 볼 수 있겠군요.

교회/ 회복된 코이노니아 공동체

- 그렇고말고. 그래서 이제 교회가 무엇인지를 생각해 보면 깨어진 코이노니아를 회복한 '회복된 코이노니아 공동체'라고 할 수 있지.
- 그러니까 인간은 창조 시에 코이노니아 공동체로 살아가도록 만들어졌으나 타락으로 코이노니아 공동체도 깨지고 코이노니아 인간성까지 상실하였다가, 이제 코이노니아가 회복된 공동체적 인간으로서의 삶을 위하여 만드신 것이 교회란 말이네요?
- 맞아. 다시 말하지만, 교회란 회복된 공동체로서 참 인간의 본질적인 삶을 회복하고 누리는 코이노니아 공동체라는 말일세. 그래서 바울 사도는 교회를 그리스도의 몸으로 비유하고 가르쳤지(고전 12장, 엡 4장 등). 지체가 많으나 한 몸인 것같이 개인 성도가 많으나 한 몸으로 살아가는 코이노니아 공동체라는 말이야. 그래서 한 지체가 고난을 받으면 함께 고통을 당하고 한 지체가 영광을 얻으면 함께 기뻐하는, 하나 된 공동체가 바로 코이노니아 공동체라네.

> **고전 12:26** 만일 한 지체가 고통을 받으면 모든 지체가 함께 고통을 받고 한 지체가 영광을 얻으면 모든 지체가 함께 즐거워하느니라

- 결국 교회는 코이노니아 공동체며, 따라서 코이노니아가 교회의 본질이고 코이노니아를 경험하도록 하는 시스템이 중요해진 거군요?
- 맞는 말이야. 코이노니아가 중요한 것은 교회의 본질이기 때문이라네.

2) 왜 나눔인가?

- 그런데 오늘날 현실은 이 코이노니아 공동체는 실재인가 아니면 이상인가 하는 질문을 할 만큼 경험하기 어렵지 않습니까? 누가 아프다고 나도 아파하는 것이라든지 누가 잘되면 함께 기뻐한다는 것은 하나의 이상일 뿐 실재는 아니잖아요. 현실에서는 기뻐하기는커녕 질투하기 바쁘니, 현실과는 거리가 먼 이야기들처럼 느껴지기도 합니다.
- 그 또한 사실이고 현실이지. 그리스도의 몸 된 공동체, 코이노니아 공동체는 과연 한 이상(ideology)일까, 아니면 경험 가능한 현실적 실재(reality)일까?
- 사도행전에 보면 초대교회에서는 한 몸처럼 함께 고통하고 함께 기뻐하는 공유 경험이, 이상이 아니라 자연스러운 실재였던 것 같기는 해요.

행 2:43-47 [43]사람마다 두려워하는데 사도들로 말미암아 기사와 표적이 많이 나타나니 [44]믿는 사람이 다 함께 있어 모든 물건을 서로 통용하고 ⁴⁵또 재산과 소유를 팔아 각 사람의 필요를 따라 나눠 주며 ⁴⁶날마다 마음을 같이하여 성전에 모이기를 힘쓰고 집에서 떡을 떼며 기쁨과 순전한 마음으로 음식을 먹고 ⁴⁷하나님을 찬미하며 또 온 백성에게 칭송을 받으니 주께서 구원 받는 사람을 날마다 더하게 하시니라

행 4:32-35 ³²믿는 무리가 한마음과 한 뜻이 되어 모든 물건을 서로 통용하고 자기 재물을 조금이라도 자기 것이라 하는 이가 하나도 없더라 ³³사도들이 큰 권능으로 주 예수의 부활을 증언하니 무리가 큰 은혜를 받아 ³⁴그중에 가난한 사람이 없으니 이는 밭과 집 있는 자는 팔아 그 판 것의 값을 가져다가 ³⁵사도들의 발 앞에 두매 그들이 각 사람의 필요를 따라 나누어 줌이라

이 두 말씀을 보면 초대교회 성도들은 서로 하나 되어 삶을 나누고 있었던 게 틀림없거든요. 그게 어떻게 가능했을까요? 초대교회 시절에는 좀 단순한 사회여서 가능했을까요? 오늘날 현대 사회는 복잡한 사회라서 안 되는 것일까요?

━ 글쎄, 그렇게 말해서 오늘날 코이노니아를 상실한 교회 모습을 변명할 수 있다고 해도 마음이 편하지는 않은 것 같아. 교회의 본질이 코이노니아이며, 교회는 사랑으로 한 몸 되고 하나 된 공동체라는 것이 성경을 믿는 많은 사람들의 중요한 관심사 중 한 명제이긴 해. 그러나 교회가 코이노니아 공동체요 한 몸 된 공동체라는 진리를 하나의 이념(이데올로기)으로 아무리 강조해도 교회에서 코이노니아가 이루어지는 경험이 빈약한 경우가 너무나도 많다는

것이 과제야. 초대교회는 경험하고 누렸던 그 코이노니아의 감격과 기쁨을 우리는 왜 딴 세상 이야기, 먼 나라 이야기로만 느끼는 걸까? 사회가 복잡해지고 변해서 그렇다고 치부하게 되지만 정말 그럴까?

- 저도 그런 고민을 하긴 했는데 뾰족한 답을 얻지 못하겠더라고요.
- 나도 이러한 고민을 많이 했지. 고민하는 중에 사도행전 본문 말씀들을 깊이 생각하며 보다가 두 가지 중요한 요소가 있다는 것을 알게 되었어.
- 그게 무엇인데요? 귀가 번쩍 뜨이는데요?
- 첫째, 초대교회는 성령 충만한 성령 공동체였다는 점이야. 성령의 은혜가 아니고는 우리에게서 진정한 사랑이 나오지 못한다는 것이며, 성령이 충만하면 사랑의 영에 의하여 우리가 진정한 사랑을 주고받을 수 있게 된다는 점이지.
- 그렇다면 오늘날 교회는 성령의 은혜를 많이 상실했다는 것인가요?
- 교회가 제도화의 길을 가는 동안 성령의 은혜를 점점 잃어버리고 제도적으로, 종교적으로 유지되는 교회가 되고 있다는 것이야.
- 그렇다면 어떻게 교회가 성령 공동체로 회복될 것인가가 과제가 되는 셈이군요. 또 한 가지는 무엇인지요?
- 둘째는 예루살렘 교회가 많은 신자가 있었어도 두 가지 구조로 만나고 있어서 친교의 경험이 가능했다는 점이야. 큰 구조로는 성전에 모이기를 힘쓴 것이고, 작은 구조로는 집에서 떡을 떼는 만남이었어. 집에서 떡을 떼는 구조의 만남에서 깊은 코이노니아

를 경험하였을 것이라고 생각하게 되었지.
- 가정에서 모이는 소그룹 모임이 한 열쇠가 된다는 말씀인가요?
- 그래. 근래 일어난 셀 교회 운동이나 가정교회 운동이 교회에 새로운 활력을 일으킬 수 있었던 것도 이 작은 구조의 만남 속에서 코이노니아의 원리가 살아났기 때문일 거야.
- 소그룹이 해답일까요?
- 한 가지 해답이 될 수 있겠지. 나는 훈련 사역을 할 때 강의는 한 번에 60명을 집단적으로 하더라도 10명씩 소그룹으로 나뉘어 모이는 시간을 자주 갖게 하였어. 나누며 서로를 위하여 기도하는 일을 시도하였다네. 그랬더니 소그룹 나눔에서 훈련생들은 서로 간의 삶을 이해하고 공감하면서, 서로 사랑하고 서로의 짐을 함께 지는 경험과 응답하여 주시는 주님의 임재를 경험하며 감격하고 힘을 얻고 뜨거운 소명을 일으키는 경험을 하더군.
- 나눔은 소통과 공감과 공유 경험을 가져오는군요!
- 소그룹 모임에서 나눔은 대단히 중요해. 성경에서 의미하는 그리고 우리가 강조하는 코이노니아는, 우리가 하나 되는 수평적 코이노니아와 주님께서 임재하여 함께 하시는 수직적 코이노니아가 하나 되는 십자가로의 코이노니아라네.
- 그렇지요.
- 우리가 나누면서 서로를 이해하고 공감하고 사랑하는 일이 일어나고, 서로의 짐을 함께 지고 기도하는 사랑의 중보기도를 통하여 하나님을 우리 모임 가운데 모시게 되어 주님의 임재를 경험하는 것이지. 그래서 이 소그룹 코이노니아 나눔을 통하여 서로 사랑으로 하나 되는 것을 경험하고, 거기 임재하시는 성령님을 체

험하면서, 진정한 코이노니아 즉 수평적으로도 하나 되고 수직적으로도 하나 되는 코이노니아 경험이 실재가 되었다네.
- 서로 나눌 때 하나 되는 수평적 코이노니아가 경험되고, 서로의 기도 제목을 가지고 기도하여 응답 받으며 성령 체험을 하므로 수직적 코이노니아가 경험되니, 결국 십자가로의 온전한 코이노니아 경험이 이루어진 것이란 말씀이지요? 혹시 경험한 것을 간증해 주실 수 있나요?
- 간증이라, 십자가의 코이노니아 간증은 너무도 많지. 음, 먼저 훈련원 초기 시절에 경험한 것부터 이야기할까? 훈련 초기에는 약 10여 명이 모였기 때문에 성경의 진리를 강의하고 그 그룹 자체가 소그룹이니 서로 나누는 일을 하고 기도하곤 했지. 그런데 한번은 50대쯤 되는 여전도사님이 유방암으로 수술 날짜를 받아 놓았는데 치유를 위해서 기도해 달라는 거야.
- 그런 경우 보통 수술 잘 되고 회복 잘 되게 해 달라고 기도를 부탁하는데, 어떻게 기도했나요?
- 수술할 때는 수술하더라도 오늘은 고쳐 달라고 기도하자고 하고, 모두 일어서서 그 전도사님의 등과 어깨에 손을 얹고 사랑을 쏟아부으며 기도하자고 했지. 그러고는 통성으로 부르짖으며 기도했어. 얼마나 열심히 기도했던지 성령께서 우리의 기도를 도와주시는 것 같더라고.
- 그래서 어떻게 되었나요?
- 통성기도로 한참 부르짖고 기도한 후 내가 대표기도로 마무리하였어. 기도가 끝나자 그 전도사님에게 확신이 온 모양이야. "할렐루야. 주님께서 저의 유방암을 치료하셨습니다. 다음 달에 병원

가서 확인하고 다시 보고하겠습니다." 그러더라고.
- 즉시 치유되었다고요?
- 나았다고 하더라고. 정말 다음 달에 병원 가서 확인하니 암이 사라졌다며 수술비로 준비했던 것을 바나바훈련원에 건축 헌금으로 드렸더라고.
- 우와, 즉각적인 응답이군요?
- 나눔과 기도에서 진정한 코이노니아가 경험되는데 병 고침이 많이 일어났어. 그리고 진정한 형제애도 나누게 되고. 나눔과 사랑의 기도에서 경험하는 코이노니아 경험을 한 가지만 더 나눌까?
- 네, 더 이야기해 주세요. 체험담은 확신을 더해 주니까요.
- 한번은 너무나 많은 상처를 받고 지쳐서 절망에 빠진 한 선교사님 부부가 훈련원에 들어왔는데, 정말 힘들어했어.
- 무슨 상처가 많아서요?
- 자세한 내막은 나도 몰라. 하여튼 훈련받겠다고 오기는 왔는데, 특히 남자 선교사님이 절망에 빠져서 두 달인가 오고는 중단하더라고. 사모님은 안타까워하면서 끝까지 오고 있었는데 말이야. 사모님이 안타까워하는 모습에 나도 좀 도움이 될까 싶어서 심방하여 권면하려고 선교사님 댁을 찾아간 적이 있는데, 내가 왔다는 것을 알고는 뒷문으로 나가 사라지고 말았어.
- 대인기피증도 가지고 있었군요?
- 그랬던가 봐. 그래서 나는 포기했는데, 놀라운 것은 그가 속한 소그룹 조에서는 그가 한 지체로 받아들여지고 사랑이 작동하면서, 그를 포기하지 않고 위하여 기도하며 전화와 메일과 문자로 계속 연락을 시도했던 거야.

- 그래서 응답이 되고 연락이 되었나요?
- 전화도 안 받고 메일이나 문자도 응답이 없었어. 그런데도 조원들이 포기하지 않고 기도하였지. 그뿐만 아니라 10월에 선교 훈련이 있었는데 조원들이 서로 도와 그 부부의 항공권까지 끊고는 예고 없이 밤중에 그 집에 쳐들어가서 사랑으로 간청하여 선교 훈련에 동참시켰지. 그리고 선교 훈련을 함께 다녀오면서 그 마음에 치유가 일어나고 새 힘을 얻어 나머지 훈련을 잘 받고 다시 선교지로 가서 승리하게 되었다네.
- 사랑에 의한 내적 치유가 일어났군요? 정말 은혜가 됩니다.
- 그렇지, 이 소그룹 코이노니아 모임을 통하여 한 지체가 고통당하면 함께 고통스럽고, 한 지체가 영광을 얻으면 함께 기뻐하는 코이노니아 경험이 감격스럽게 일어났다네.
- 교회가 한 몸이며 코이노니아 공동체라는 것이 단순한 이념이 아닌 실재로 경험된 것이군요? 우리들 현실 교회에서도 코이노니아 경험이 일어나도록 소그룹을 운영해야겠네요. 그런데 선배님, 그 소그룹 모임은 어떤 식으로 운영하고 뭘 어떻게 나누고 기도해야 하나요?
- 모임을 어떤 형태로 가져가느냐 하는 이야기는 다음 기회에 다시 자세히 하기로 하지. 내가 그러한 경험을 20여 년 하면서 모임의 틀을 하나 만들어 보았는데 모임의 틀에 대하여서도 다음에 함께 이야기해 보세나.

왜 미션인가?

3부

- 지난번에 코이노니아 소그룹 모임을 어떻게 진행하는지 그 틀을 이야기해 달라고 했지?
- 네, 그런데 다음에 하자고 미루어 두셨습니다.
- 그것을 내가 말로 먼저 설명할 게 아니라, 먼저 소그룹 모임 녹화를 보세나.

바이블 코이노니아 모임(2)

말씀 나누기, 기도하기
- 김 집사님, 평안하셨습니까?
- 응, 어서들 오게. 상복이도 현철이도 잘들 지냈나?
- 네, 그런데 날씨가 장난이 아니에요. 폭염이에요.
- 게다가 코로나 바이러스는 더 심해지는 모양이에요. 방역 기준이 좀 완화될 듯하더니 오히려 강화되었어요.

- 글쎄 말이야. 우리 셋이 만나는 것이지만 체온 측정은 한번 해 보자고.
- 집사님, 체온 측정기도 사셨어요?
- 응, 우리들 스스로 서로 조심하여야 할 것 같아서 최소한 체온이라도 확인해 보자고 생각했지. 어디 봐, 상복이는 정상이군.
- 저도 정상이네요.
- 그래 현철이도 정상이고, 나도 재 보지.
- 김 집사님도 정상입니다.
- 안심하고 모임을 시작하시지요?
- 그럼세. 오늘은 현철 형제가 대표기도를 드림으로 시작할까?
- 제가요?
- 응.
- 아, 대표기도 같은 것은 안 해 봐서 떨리는데요?
- 기도는 할수록 느는 것이니 걱정 말고 하나님께 말씀드리시게.

하나님 아버지, 지난 일주일 동안도 저희를 보호하여 주셔서 건강하게 살다가 이렇게 다시 바이블 코이노니아 모임을 가질 수 있게 해 주시니 감사합니다. 주님 사랑합니다. 우리 모임 중에 오셔서 함께하여 주시고, 가르치시고, 또한 우리의 기도에 응답하여 주시며, 주님을 사랑하는 마음으로 가득 채워 주시옵소서. 예수님의 이름으로 기도합니다. 아멘.

- 고마워, 현철 형제. 그러면 이제 성경을 읽고 깨닫거나 다짐하게 된 내용을 나누어 볼까? 다들 마가복음을 두 차례 읽었겠지?

- 네, 처음에는 귀찮다고 투덜거렸는데 두 번 읽으니까 더 이해되고 말씀이 제게 다가오는 것을 느꼈습니다.
- 그러면 상복 형제가 먼저 나눌까?
- 네, 마가복음은 내용이 쉬운 것은 아니지만 거의 이야기 형식으로 되어 있어서 읽기가 어렵지는 않았던 것 같습니다. 이해 안 되는 것은 이해 안 되는 채로 쭉 읽었는데요, 저는 사실 초반에 붙들린 것 같습니다.
- 초반에 붙들리다니, 무슨 이야기야?
- 1장에 시작하자마자 요한이 회개의 세례를 전파하였다고 하고요, 또 예수님의 첫 번째 메시지도 "회개하고 복음을 믿으라"라는 것이었어요. 아마 예수 믿는 믿음의 시작은 회개하는 것으로 시작되는 것인가보다 하는 생각을 하였고, 나는 제대로 회개한 경험이 있는가 돌아보게 되었습니다.
- 그래, 무엇을 회개하게 되던가?
- 아무런 죄가 생각나지 않았습니다. 살인죄도 없고, 도적질한 것도 생각 안 나고, '뭐 죄가 있어야 회개를 하지?' 그런 생각을 하고 있는데 갑자기 '가장 큰 죄는 창조자요 아버지인 하나님을 인정하지 않고 감사하지 않고 제멋대로 살아온 것이다' 하는 깨달음이 오는 것이에요. 글쎄, 나도 모르게 하나님 앞에 다시 엎드리는 자세를 취하고 '하나님 아버지, 이 교만한 인생을 용서하여 주세요'라고 고백하였더니 이런저런 사소한 죄가 생각나더라고요.
- 어떤 사소한 죄들이 생각나던가?
- 초등학교 시절에 학교 가기 싫어서 친구 하나 꼬드겨 학교는 땡땡이 치고 산속에서 놀면서 남의 밭에 가서 콩 꺾어다 구워 먹던

도적질, 또 놀다가 집에 와서는 '학교 다녀왔습니다' 하고 거짓말한 죄도 생각나더라고요. 이것저것 생각나서 더러운 죄인이 죄인인 줄도 모르고 살아온 죄를 회개하는 경험을 했습니다. 그러고 나니 믿음이 더욱 들어오는 것 같았어요. 이제 내가 확실한 하나님의 아들이 되었구나 하는 확신이 생겼고, 예수님이 세례 받고 올라오실 때 하늘에서 소리가 있었다고 하는 말씀이 내게도 해당되는 말씀으로 믿어졌어요. "너는 내 사랑하는 아들이라, 내가 너를 기뻐하노라" 하는 말씀 말입니다. 감히 그 말씀이 내게 하시는 말씀처럼 다가오는 거예요. 이래도 되는지, 예수님에게 하시는 말씀을 감히 내게 하시는 말씀처럼 느껴도 되는지 모르겠지만 그런 확신이 왔습니다.

― 성령께서 회개와 믿음의 세계로 이끌어 주셨구나. 할렐루야 하나님 감사합니다! 상복 형제에게 주님의 은혜가 임한 것이지. 다른 말씀은 더 없나?

― 또 하나 와닿고 깨달은 것은, 헤롯 왕이 요한을 죽이는 이야기였어요. 그게 유독 눈에 들어오더라고요. 처음에는 무슨 이야기인가 했는데, 두 번째 읽을 때 하나님 없는 인간은 참으로 악하다는 것이 마음에 들어왔어요. 헤롯 왕이 자기 동생 빌립의 아내 헤로디아를 빼앗아 살았는데 세례 요한이 그것은 잘못된 일이라고 비판했던 모양이더라고요.

― 그랬지. 잘 살펴보면 헤롯은 요한을 의로운 자로 여기고 두려워하기도 한 것 같지?

― 네. 그런데 헤로디아의 딸이 생일 잔치에서 춤을 추자 그것을 보고 헤롯 왕이 기분 좋아져서 무엇이든지 구하라고, 나라의 절반

이라도 준다고 큰소리쳤잖아요. 그러자 그 딸이 어머니 헤로디아에게 가서 무엇을 구할지 물었고, 세례 요한에게 앙심을 품었던 헤로디아는 세례 요한의 목을 달라고 하라고 일러 주었고요. 왕은 자기가 내뱉은 말 때문에 어쩔 수 없이 세례 요한의 목을 베어다가 주었어요. 이게 말이 됩니까? 이게 인간이란 존재의 불쌍한 모습 아닙니까? 헤로디아라는 여자도 문제지요. 자기 딸에게 이런 무지막지한 짓을 시키다니 인간도 아니라고 생각되고, 헤롯도 그렇지, 한 사람의 목숨을 이렇게 취급해도 되는 겁니까?

─ 이보게 상복 형제, 왜 흥분하고 그러나?
─ 아유, 흥분이 되네요. 그런데 결국 하나님 없는 인생이란 이런 죄악된 인생이구나 깨닫는 계기가 되었어요. 처음에는 세례 요한이 불쌍하다 느꼈는데, 나중에는 헤롯 왕과 헤로디아와 그 딸이 불쌍한 생각이 들더라고요.
─ 맞아. 죄악의 세력에 휘둘리는 인생이란 불쌍한 것이지. 그래서 구원받아야 하는 것이야. 이번에 상복 형제가 엄청난 인생의 진리를 본 것 같네. 현철 형제는 어땠나?
─ 저는 깨달음보다 믿음의 은혜를 받은 것 같습니다.
─ 어떤 믿음?
─ 지난번 마태복음에도 많이 나왔지만, 이번 마가복음을 읽을 때 유독 예수님의 병 고침에 대한 이야기가 많다고 느껴져서 예수님의 병 고치심에 주목하였습니다. 첫 번째 읽을 때는 그냥 읽었는데 두 번째 읽을 때는 예수님이 병 고침의 이야기에 표시를 하며 자세히 보았어요. 귀신 들린 사람 고치고, 열병을 고치고, 각종 병이 있는 사람들을 고쳤다는 기록도 있고, 나병 환자도 고치고, 중

풍병자도 고치고, 손 마른 사람도 고치고, 군대 귀신 들린 사람도 고치고, 야이로의 딸을 고치고, 혈루증 여인도 고치고, 심지어 예수님의 옷만 만져도 고침 받는 역사도 있고, 귀먹고 말 못 하는 사람도 고치고, 맹인도 고치고, 귀신 들린 사람을 여러 차례 고치는 기록이 있었습니다. 예수님의 이러한 병 고침의 역사를 읽는데 '내가 가지고 있는 간질인들 예수님이 못 고치겠는가?' 그런 믿음이 생겨나는 것입니다. 9장에서 귀신 들려 고통 받는 아이의 아버지가 예수님에게 "그러나 무엇을 하실 수 있거든 우리를 불쌍히 여기사 도와주옵소서"라고 말하자 예수님께서는 "할 수 있거든이 무슨 말이냐 믿는 자에게는 능히 하지 못할 일이 없느니라"고 말씀하셨어요. 그러자 그 아이의 아버지가 소리를 지르며 "내가 믿나이다 나의 믿음 없는 것을 도와주소서"라고 하는 이야기를 읽을 때 저도 소리질렀습니다. "내가 믿나이다. 나의 믿음 없는 것을 도와주소서!" 이렇게 소리치며 기도하였는데, 제 마음속에 믿음이 왔어요. '예수님께서 나를 고치셨다' 하는 믿음이 온 것입니다.

- 할렐루야, 아멘. 주님을 믿습니다! 놀라운 간증이로다. 하나님의 말씀이 내게 임하면 그것은 곧 하나님께서 오신 것이나 다름없지. 주님께서 오셔서 역사하시고 믿음을 주시고 하셨구나. 감사하다, 진짜 감사하다. 더 나눌 게 있어, 현철 형제?

- 네, 16장 거의 마지막 부분에 온 천하에 다니며 복음을 전파하라고 하면서 "병든 사람에게 손을 얹은즉 나으리라"고 하시거든요. 이 말씀을 볼 때 우리에게, 아니 나에게도 복음을 전하는 사명이 있다는 것이 깨달아지고, 나를 통해서도 병 고침의 역사도 있는

것이구나, 그런 사명과 믿음이 생기는 것을 느꼈습니다. 오늘 모임부터 한 영혼 구원을 위한 중보기도를 하기로 했는데, 어떻게 하는지 기대가 됩니다. 그리고 적어 온 친구를 위하여 기도하고 전도해야겠다는 마음도 있고요.
- 아주 좋아. 나는 마가복음을 그동안 여러 번 읽었지만 이번에 읽으면서 또다시 은혜를 받았는데, 많은 반성을 하게 되었지.
- 무슨 반성인가요?
- 지난주 주일 설교를 하던 목사님이 골프장에서 일하는 한 집사님이 보낸 카톡을 읽으시면서 눈물로 호소하는 내용이 있었던 거, 기억 나?
- 아, 골프장에서 일하는 분들이 가장 싫어하는 게 그리스도인 그룹이 오는 것이라는 내용 말이지요? 그리스도인들이 가장 잘난 체하고 갑질을 하고 해서 골치 아프고 상처가 된다는 이야기 말입니다.
- 응, 마가복음을 읽는 동안 그 이야기가 생각났어. 특히 예수님께서 잡혀 가던 날 밤 제자들이 다 예수를 버리고 도망하였다는 이야기와 죽을지언정 예수님을 버리지 않겠다고 장담하던 베드로가 예수님께서 경고한 대로 그날 밤 닭이 울기 전에 세 번 부인하고는 울었다는 이야기 말야. 그 글을 읽으면서 나도 함께 울었지. 나는 예수님을 버리지 않았는가 생각하는데, 말씀대로 서로 사랑하고 존중하며 살지 못하는 것도 결국 예수님을 버리는 행위라고 깨달아졌어. 그리스도인이라면 사람들이 좋아서 환영해야지 왜 싫어할까? 예수님 말씀대로 살지 않고 있기 때문이 아니겠어? 예수님 말씀대로 살지 않는 것이 결국 예수님을 버리는 것과 같다

는 깨달음에, 나 중심의 이기주의나 교만을 회개하게 되더라고.
- 김 집사님은 또 차원의 다른 회개를 하셨군요? 결국 우리는 말씀대로 실천하여 사는 진정한 그리스도인이 되어야겠지요.
- 그렇지? 우리에게 말씀을 주신 하나님께 감사드리고 말씀대로 살아가는 진정성과 말씀을 행할 능력을 구하며 기도하자. 통성으로 기도하고 상복 형제가 마무리 기도하기로 할까?

📖 통성기도 후 마무리 기도

하나님 아버지, 우리들에게 말씀을 깨닫게 하시고 특별히 하나님 앞에 부족한 죄를 뉘우치고 회개할 수 있게 하신 것 감사합니다. 이제 우리들 각자가 하나님 말씀대로 살아가는 신실한 그리스도인이 되어서 세상에 빛과 소금이 되게 하시고 말씀대로 살아가는 능력을 더하여 주옵소서. 예수님의 이름으로 기도합니다. 아멘.

삶과 기도 제목 나누기
- 자, 그러면 지난 한 주간 살면서 감사했던 일과 기도 제목을 나누고 또 기도하기로 하지. 현철 형제가 먼저 나눌까?
- 지난 일주일도 루틴대로 직장 생활을 잘 했고, 코로나 바이러스가 창궐하는 때에도 지켜 주신 것 감사하고, 특히 믿음의 은사를 주신 것 같아서 너무 감사합니다. 기도 제목은 오늘 함께 기도해 주실 때 제 간질병이 완전히 치유될 것을 믿고 사랑의 중보기도를 부탁합니다.
- 자, 그러면 현철 형제의 간질병이라는 짐을 사랑으로 짊어지고 하

나님께 나가 부르짖고 기도하도록 하지. '주여' 한 번 큰 소리로 부르고 통성으로 기도합니다.

📚 통성기도 후 마무리 기도

아버지 하나님, 현철 형제에게 믿음의 은사를 주신 것을 감사합니다. 그동안은 간질로 인하여 때로 불안한 삶을 살았으나 주님께서 치유의 주님이시며 전능한 하나님이심을 믿는 믿음 주신 것 감사합니다. 이제 우리가 한마음으로 부르짖어 기도하오니 오늘 이 시간 주님께서 손을 대시고 만져 주시옵소서. 고장 난 신경계통을 고쳐서 새롭게 하시고 치료하여 주시옵소서. 치료의 하나님, 찬양합니다. 감사합니다. 예수님의 이름으로 기도합니다. 아멘.

- 이제 상복 형제가 나누어 주게.
- 네, 저도 한 주간 특별한 일 없이 잘 지냈습니다. 지켜 주신 하나님의 은혜 감사하고요, 특히 회개를 경험하게 하시고 진리를 깨닫는 은혜를 주신 것을 감사합니다. 기도 제목은 지난주와 마찬가지로 취직의 길을 열어 달라는 것입니다.
- 자, 그러면 우리 함께 상복 형제의 감사로 감사드리고, 상복 형제에게 졸업과 동시에, 아니 그 이전이라도 취직의 길을 열어 달라고 기도하고, 이번에는 현철 형제가 마무리 기도하기로 할까?

📖 통성기도 후 마무리 기도

하나님 아버지, 상복 형제를 한 주간도 지켜 주시고, 특히 회개의 경험과 말씀의 진리를 깨닫는 영을 주신 것을 감사합니다. 상복 형제가 대학 졸업을 한 학기 남겨 두고 있는데 하나님께서 그가 일할 직장을 예비하신 줄 믿습니다. 적절한 때에 취직의 길을 열어 주시기 바랍니다. 주님께서 은혜를 주시고 복을 주실 줄 믿습니다. 감사합니다. 예수님의 이름으로 기도합니다. 아멘.

- 나는 감사한 게, 내 집 마련을 위한 대출이 순조롭게 진행되어서 어려움 없이 잔금 치르고 등기 이전할 수 있을 것 같아 감사하고, 또 말씀을 읽으며 자신의 교만을 깨닫고 회개할 수 있게 된 것을 감사해. 기도 제목은 이제 대출금도 잘 갚을 수 있도록 기도해 줘. 통성으로 기도한 후 이번에는 상복 형제가 마무리 기도하기로 하지.

📖 통성기도 후 마무리 기도

하나님 아버지, 김 집사님에게 내 집 마련의 꿈을 실현할 수 있도록 도와주심을 감사합니다. 말씀을 깨달으며 겸손해지고 품성이 아름답게 이끌어 주시니 감사합니다. 대출도 잘 되어 감사한데 이제 대출금 다 상환하기까지 주님 복 주시고 도와주셔서 속히 갚아 나갈 수 있게 하여 주옵소서. 예수님의 이름으로 기도합니다. 아멘.

영혼 구원을 위한 중보기도

- 이제 영혼 구원을 위한 중보기도를 할 건데, 지난번에 이야기한 대로 전도 대상자 2명씩 정해 왔지?
- 네, 가까운 친구 중에 2명을 정했습니다.
- 저도요.
- 그럼 우리 셋이 정한 전도 대상자 여섯 명 이름을 상복 형제가 한 페이지에 적어 보지.
- 네, 알겠습니다.

김 집사	준혁
	윤복
상복	찬봉
	완규
현철	희정
	춘택

- 그럼 이제 우리가 살고 있는 수원시의 영혼 전체를 위하여 기도하고, 이 여섯 영혼들을 주님께 부탁드리며 저들이 어두움의 영에서 해방되고 구원받는 축복의 역사가 있기를 위하여 기도하기로 하자고. 도시를 위한 기도는 내가 선창할 테니 복창하며 기도하기로 하고, 개인 영혼 구원을 위한 중보기도는 샘플이 여기 있으니 여기에 이름만 바꾸어 가면서 간절함으로 합심하여 기도하는데, 각자 자기가 정한 대상자만 위하여 기도하는 것이 아니라 6명 전체를 위하여 다 통성으로 기도하는 거야. 우선 수원시를 위한 기도를 내가 선창할게. 복창 기도해요.

📖 도시 전체를 위한 기도

"전능하신 사랑의 하나님" 복창
"이 시간 우리가 살고 있는" 복창
"수원시와 이 도시에 살고 있는 주민들을 위하여 기도합니다." 복창
"하나님께서 이 도시에 친히 내려오셔서" 복창
"통치하시고 다스리소서." 복창
"이 땅에서 어두움의 영, 마귀 세력을 묶어 버리시고" 복창
"묶여 있는 영혼들을 풀어 자유하게 해방시켜 주소서." 복창
"저들이 해방되어 예수 믿게 하옵소서." 복창
"예수 믿고 구원받고" 복창
"하나님의 사랑과 은혜와 축복을 누리게 하옵소서." 복창
"우리 주 예수의 이름을 찬양하는 하나님의 백성으로 삼으소서. 할렐루야." 복창
"이제 우리가 만왕의 왕이신 예수 이름으로 명하노니." 복창
"수원 지역에서 어두움의 영은 이제 묶일지어다." 복창
"너희가 묶고 있는 영혼들을 풀어 놓고 떠나갈지어다." 복창
"그들 영혼들은 예수께서 십자가 보혈의 피로 사서" 복창
"하나님께 드려진 영혼들이니라." 복창
"그들을 풀어 놓고 물러갈지어다. 할렐루야." 복창
"이제 우리가 예수 이름으로 축복하노니" 복창
"수원 시민들은 예수 이름으로 해방될지어다." 복창
"예수 이름으로 해방되어 예수 이름 믿고 구원받을지어다." 복창
"하나님의 사랑과 은혜와 축복을 누리는 백성이 될지어다." 복창

"예수의 이름을 찬양하는 백성이 될지어다." 복창
"할렐루야, 수원 주민들을 구원하실 주님을 찬양합니다." 복창
"예수 그리스도의 이름으로 기도합니다. 아멘." 복창

📖 한 영혼 구원을 위한 중보기도

하나님 아버지, 내가 부족하지만 우리 주 예수 그리스도의 이름으로 ㅇㅇ형제(자매)를 주님의 은혜와 능력의 손에 부탁하며 기도합니다. 주님께서 ㅇㅇ에게 임하시고 다스리시며 통치하사 ㅇㅇ형제(자매)에게서 어두움의 영을 묶어 몰아내시고 ㅇㅇ형제(자매)를 마귀의 세력에서 해방하시옵소서. ㅇㅇ형제(자매)가 그 영혼이 해방되어 자유를 얻으므로 예수 이름 믿고 구원받게 하옵소서. 하나님의 사랑과 은혜와 축복을 누리는 하나님의 자녀가 되게 하옵소서. 우리 주 예수님의 이름을 찬양하는 하나님의 친백성을 삼으시옵소서. 할렐루야.

이제 내가 만왕의 왕이신 예수 이름으로 명하노니 ㅇㅇ형제(자매)에게서 어두움의 영은 묶이고 떠날지어다. ㅇㅇ형제(자매)는 너의 것이 아니고 예수님이 피로 사서 하나님께 드려진 영혼이니라. 그를 풀어 놓고 떠나갈지어다. 할렐루야.

이제 내가 예수님의 이름으로 축복하노니 ㅇㅇ형제(자매)는 그 영혼이 마귀에게서 풀려 해방될지어다. 해방되어 예수 믿고 구원받을지어다. 구원받고 하나님의 사랑과 은혜와 축복을 누릴지어다. 하나님과 우리 주 예수님의 이름을 찬미하는 하나님의 자녀가 될지어다. 할렐루야. ㅇㅇ형제(자매)의 영혼을 구원하실 주님을 믿

고 기대하며 찬양합니다. 예수님 이름으로 기도합니다. 아멘.

📖 마무리 기도

하나님 아버지, 감사합니다. 우리의 기도를 응답하신 주님을 찬양합니다. 다시 맞는 한 주간 우리의 삶을 지켜 주시고 인도하시고 가르치시며 성령 충만한 삶으로 복 주시옵소서. 예수님의 이름으로 기도합니다. 아멘.

1) 왜 미션인가?

- 선배님, 이들 모임에서는 모임 초기부터 바로 전도를 염두에 두고 영혼 구원을 위한 중보기도를 하게 하는군요. 코이노니아의 즐거움을 좀 더 누리다가 전도하게 하면 안 되나요?
- 좋은 질문이기는 한데, 나는 오늘날 한국 교회에 좀 답답함을 느끼거든.
- 왜요?
- 한국 교회 메시지가 지금까지 대부분 축복의 메시지였어. '예수 잘 믿고 하나님 잘 섬기면 복 받는다'는 메시지가 주를 이루어 왔지.
- 축복의 메시지는 기독교의 기본적인 메시지 아닌가요?
- 우리의 전하는 메시지 자체가 복음, 축복의 소리니까 축복의 메시지는 중요한 기본적인 메시지가 되네. 이 메시지는 궁핍하고 고난스럽던 한국 사회에 필요한 메시지였고, 또 축복의 메시지는 어

느 시대에도 선포되어야 하는 것도 사실이지. 하지만 한국 교회가 왜 기복신앙에 머물고 있다는 소리를 들을 만큼 되었을까? 성경의 메시지가 축복 메시지 하나뿐인가?

― 그럼 선배님은 축복의 메시지 말고 또 어떤 메시지가 중요하다고 보시나요?

― 사명, 미션의 메시지가 축복의 메시지만큼이나 중요하다고 본다네. 내가 이미 《코미멀》이라는 '영성 세계로의 여행' 시리즈 세 번째 책 《사명 영성》이라는 책에서 다루고 있으니 참고하도록 하고, 여기서는 간단히 이야기하겠네.

― 그게 왜 그런가요?

너는 복이 될지라

― 축복의 메시지 이야기로 시작했으니 설명도 축복의 차원으로 해야겠군. 창세기 12장 1-3절을 한번 함께 보자고.

> 창 12:1-3 ¹여호와께서 아브람에게 이르시되 너는 너의 고향과 친척과 아버지의 집을 떠나 내가 네게 보여 줄 땅으로 가라 ²내가 너로 큰 민족을 이루고 네게 복을 주어 네 이름을 창대하게 하리니 너는 복이 될지라 ³너를 축복하는 자에게는 내가 복을 내리고 너를 저주하는 자에게는 내가 저주하리니 땅의 모든 족속이 너로 말미암아 복을 얻을 것이라 하신지라

이 이야기는 타락한 인생 중에 구속의 역사를 일으키는 구속사의 여명에 아브라함을 부르시는 이야기야. 아브라함을 부르고 믿

음의 세계로 가라고 하시면서 주신 약속을 포함하고 있다네. 그 약속의 주 내용이 축복이거든.
- 타락하여 하나님의 축복에서 멀어진 인간을 구원하고 하나님 자녀의 신분을 회복하여 하나님의 복을 받아 누리게 하려는 섭리이지요?
- 그 말이 맞아. 우선 '네게 복을 주어'라고 말씀하셨어. 복을 주려고 불러낸다는 말이야. 저주 받아 고생하는 인간들에게 기독교는 분명 축복을 선포하는 축복의 종교임에 틀림없지. 하나님께서 우리를 구원하고 자녀 삼으신 것은 복을 주시기 위함이야. 신명기 6장 24절, 8장 16절, 10장 13절 등에 보면 하나님께서 우리에게 율법과 규례를 주시는 것도 우리에게 복을 주려는 목적이며, 긴 시련의 광야를 통과하게 하시는 것도 우리에게 복을 주시려는 것이요 모든 것이 우리의 행복을 위한 섭리라고 말씀하고 있다네.
- 인간은 저주에서 벗어나 하나님이 주시는 복을 누리게 되어 있다, 그 말이지요?
- 그렇지. 하나님의 구원은 우리로 복을 누리게 하는 것이 틀림없어. 그래 우리는 구원받고 은혜 받고 사랑받고 축복 받고 살게 되어 있어. 이는 하나님이 주셔서 축복을 받아 누리는 차원의 복이야. 그러나 처음부터 하나님은 또 다른 차원, 어쩌면 훨씬 크고 위대한 축복의 차원을 말씀하고 계시거든.
- 그것은 무슨 차원의 어떤 복인데요?
- 여기 보면 "너는 복이 될지라"고 말씀하셨어. '복이 되는 차원의 축복'을 말씀하고 있단 말이야.
- '복이 되는 차원의 축복'이라고요? 우와, 이것은 정말 차원이 다른

축복이군요. 축복을 받아 누리는 차원의 축복과 복이 되어 사는 차원의 축복을 동시에 주신다는 것이지요?
- 그렇지. 그래서 우리 지도자들이 지금껏 저지른 과오는, 지금까지 받아 누리는 축복의 메시지만 전하다 보니 기복신앙이 되고 매우 이기적인 그리스도인 또는 자기중심적인 그리스도인을 양산해 냈다는 것이야. 우리의 인생을 복이 되는 차원의 축복의 세계, 즉 사명의 세계로 이끌어 주는 것이 지도자의 사명이고 책임이지. 그래서 사명에 사는 인생을 가르치는 것이 진정한 축복이 된다는 말일세.
- 복을 받아 누리면서 다른 사람에게 복이 되는 인생, 그것이 진정한 축복이군요. 이 복이 되는 차원을 알지 못하고 산다면 오히려 억울한 일이겠는데요? 하나님은 우리로 하여금 복이 되는 차원의 인생을 살도록 계획해 놓으시고 그렇게 살도록 복을 주시는 것인데, 그 크고 넓고 위대한 인생을 살지 못한다면 이는 억울한 일이지요. "너는 복이 될지라." 이 말씀이 대단한 축복이군요.
- 그렇지. 그런데 자세히 보면 복이 되는 차원의 세계는 얼마나 넓고 큰지 몰라. "땅의 모든 족속이 너로 말미암아 복을 얻을 것이라"고 하지 않나? 복이 되는 인생이어서 자녀에게, 부모에게, 가족에게, 이웃에게 복이 되는 삶, 복을 끼치고 나누는 삶이 될 뿐 아니라 심지어 그 복이 되는 지평이 땅의 모든 족속까지이니, 얼마나 크고 위대한 인생인가?
- 하나님께서 아브라함에게 이렇게 말씀하신 것은 개인적인 적용을 위한 것이라기보다는 아브라함을 통하여 장차 이루실 세계 구원을 말씀하시는 것 아닌가요?

- 물론 하나님께서는 아브라함 한 사람을 부르실 때부터 천하만민 모든 족속을 품고 계셨음을 계시하여 선교의 하나님이심을 나타내 보이셨어. 그러나 그 원리는 언제나 동일하며 개인적 적용에서도 진리라네.
- 그래서 이 말씀은 축복이면서 동시에 사명이 되는 말씀이군요?
- 그렇지. 왜 이런 사명의 세계가 있는 것인지 아나? 사명 또한 인간의 본질적 삶의 한 원리기 때문이야.
- 사명이 인간의 본질적 삶의 원리라고요? 그것은 무슨 말씀이고 왜 그런가요?

코이노니아와 미션
- 다른 사람에게 복이 되어 사는 복이 진정한 축복인 이유는, 사실 우리 인생이 코이노니아 인생이기 때문이라네.
- 그것은 무슨 말씀인가요? 인간이라는 존재가 코이노니아로 사는 존재이기 때문에 사명이 생기는 것이라고요?
- 코이노니아 이야기하면서 인간은 하나님의 삼위일체적인 우리 이미지로 지음 받아서 나와 너와 하나님이 삼위일체적인 관계 속에 코이노니아를 누리며 살도록 창조되었다는 것은 이미 말했지? 그래서 '하나님' 없이는 '나'가 없고, '너' 없이도 '나'가 없어. 하나님을 사랑하고 너를 사랑하는 것이 나의 삶이야. 인생의 삶의 본질이 코이노니아고, 이 코이노니아는 '하나님'과 '너'가 없이는 안 되지. 그런데 그 코이노니아를 이루는 핵심 요소가 무엇인가?
- 사랑과 신뢰 아닌가요?
- 그래, 그렇다네. 그래서 성경은 우리에게 최고의 삶은 사랑으로

사는 것이라고 가르치고 있어. 하나님을 사랑하는 일이 최고 가치이고 이웃을 사랑하는 일이 그다음 가치라고 말이야. 타락한 사람들은 인생을 생존 경쟁이나 생존 투쟁으로 인식하기 때문에 '너'를 죽여 내가 산다고 생각하지만, 성경은 '너'를 살리는 게 '나'를 살리는 것이고, '너'를 축복하는 것이 곧 '나'를 축복하는 것이며, '너'를 사랑하는 것이 나를 실현하는 인생의 의미라고 가르치고 있어.

― 코이노니아가 인생의 본질적인 존재 방식이요 인생의 의미요 가치이기 때문에 하나님의 계명 중에 하나님을 사랑하고 이웃을 사랑하는 그 사랑이 제일 가는 계명이라고 하는 것이군요?

― 그렇지. 그래서 예수님은 하나님의 모든 계명 중에 가장 큰 계명이 사랑이라고 말씀하시지 않나?

> **마 22:37-40** [37]예수께서 이르시되 네 마음을 다하고 목숨을 다하고 뜻을 다하여 주 너의 하나님을 사랑하라 하셨으니 [38]이것이 크고 첫째 되는 계명이요 [39]둘째도 그와 같으니 네 이웃을 네 자신 같이 사랑하라 하셨으니 [40]이 두 계명이 온 율법과 선지자의 강령이니라

> **막 12:33** 또 마음을 다하고 지혜를 다하고 힘을 다하여 하나님을 사랑하는 것과 또 이웃을 자기 자신과 같이 사랑하는 것이 전체로 드리는 모든 번제물과 기타 제물보다 나으니이다

― 가장 큰 계명이 사랑인 것은, 사랑이 코이노니아를 이루는 핵심 요소이기 때문이군요?

- 그렇지. 우리는 코이노니아로 사는 존재고, 코이노니아를 이루려면 하나님을 사랑하고 이웃을 사랑하여야 한다는 말이지. 그래서 우리는 서로에 대하여 사명을 지니게 되고 하나님을 향하여 사명을 지니는 존재가 되는 거야. 하나님의 큰 계명(The Great Commandment)은 결국 나를 성취하는 길이라네.
- 그렇군요. 하나님을 사랑하고 다른 이를 사랑하는 것이 곧 내 삶의 의미요 사명이요 가치요 보람이군요. 그런데 우리가 만나는 사람들을 사랑하고 사는 것을 말하지 않고 땅의 모든 족속까지 사랑해야 한다고 하는 것은 무슨 까닭입니까? 과연 우리에게 땅의 모든 민족을 사랑할 능력이 있기는 한가요?
- 땅의 모든 족속이 언급되는 것은 일종의 선교 사명을 말하는 셈인데, 이는 인간이 타락하여 구원을 필요로 하는 존재가 되었음을 전제하고 있어. 하나님은 땅의 모든 민족을 구원하기 원하신다는 계시이고 세계 복음화의 선교 사명을 주시는 것이라네. 하나님의 자녀의 삶은, 천하만민 모든 민족을 구원하려는 하나님의 뜻을 실현할 때 진정한 축복이요 복이 되는 삶의 절정이 되는 것이지.
- 만일 인간이 타락하지 않았다면 이 선교 사명은 필요 없는 것이었겠지요? 하나님을 사랑하고 이웃을 사랑하는 사명 하나만 존재하였을 텐데, 타락하여 인간이 구원받아야 할 필요 때문에 생기고 더해진 사명이 선교 사명 아닌가요?
- 그렇긴 하지. 그래서 하나님께서 하나님 백성으로 아브라함을 부르시는 첫날부터 선교 사명을 주신 것같이 오늘날 우리는 개인적으로 구원받는 순간부터 구원의 복음을 모든 민족에게 나누는

선교 사명이 생기고, 교회도 탄생하는 순간부터 선교 사명을 띠고 태어나는 것이라네.
- 선교 사명은 신약에서 예수님의 지상명령에서 뚜렷해지지 않나요?
- 물론이야. 예수님께서 승천하면서 제자들에게 남기신 분부, 곧 "너희는 온 천하에 다니며 만민에게 복음을 전파하라"(막 16:15), "…너희는 가서 모든 민족을 제자로 삼아…"(마 28:19-20)라는 말씀에서 세계 선교 사명을 주셨어. 그러나 사실은 아브라함 때부터 모든 족속의 복이 되어야 한다는 것을 말씀하신 것이 강조되어 나타난 것이야. 처음부터 끝까지 하나님의 마음은 동일해. 모든 민족이 다 구원받는 것이지. 그리고 이 사실은 우리 모든 그리스도인들과 교회의 사명이 되었고. 이 지상 명령(The Great Commission)은, 그리스도인들은 사명에 살게 되어 있다는 것을 보여주는 것이야.
- 가장 큰 계명(The Great Commandment)과 지상명령(The Great Commission)은 인간, 특히 그리스도인이란 사명에 사는 존재임을 말해 주는 것이로군요?
- 그렇지. 인간이 코이노니아로 존재하기에 큰 계명 즉 사랑으로 살아야 하는데 타락한 세상이기에 지상명령 즉 선교 사명이 더하여진 것이라네.
- 선배님, 그런데 그렇게 사명에 살아야 한다면 인생이 크게 부담스럽지 않나요?

사명은 부담인가 특권인가?
- 보통 그렇게들 생각하는 경우가 많은데 사실은 그 반대라네. 일반적으로 사람들은 편하게 사는 것이 제일인 줄로 착각하지만 본래부터 그렇지가 않아. 이미 말한 대로 하나님께서 창조할 때부터 인간은 코이노니아를 존재 방식으로 하여 살게 되어 있는데, 코이노니아의 상대인 '하나님'과 '너'를 사랑하는 것이 삶의 사명이자 의미이고 기쁨이 되는 원리일세.
- 사명이 삶의 의미가 되고 기쁨이 되는 것이라고요?
- 그렇다네. 유대인 철학자 빅터 프랭클이 구치소에서 인생들을 관찰하고 또 삶을 묵상하다가 발견하고 깨달은 바를 설파한 것을 소위 '의미의 철학'이라고 하는데, 그가 인생을 제대로 관찰한 것 같아.
- 그가 뭐라고 했는데요?
- "인생은 의미에 사는 존재다"라고 말했지. 사람은 빵만으로 사는 게 아니라는 말이야. 빵은 생존에 필수지만 사람은 먹고 사는 정도의 인생으로 만족할 수 없고 결국 의미를 느껴야 산다는 것이야. 사는 의미가 없거나 모르면 그 인생은 재미없고 행복하지도 못한 인생이 되고, 삶의 의미를 알고 의미를 느낄 때 삶이 행복하고 진정한 기쁨이 있고 에너지가 넘치며 활력 있는 삶이 된다는 말이지.
- 아, 그 이야기는 맞는 것 같아요. 진정한 기쁨은 보람 있는 일을 할 때, 즉 의미 있는 일을 할 때 솟아나는 것 같아요.
- 그리고 프랭클 박사는 또 말하기를 "그 인생의 의미는 타자에게서 온다"라고 했어. 그게 왜 그런 것 같은가?

- 인간의 본질적 삶이 코이노니아이기 때문이겠지요? 사랑의 상대인 '하나님'과 '너'라는 타자에게서 우리 삶의 의미가 발생한다는 것 아닐까요?
- 정 목사가 바로 캐치했네. 바로 그거야. 타락한 인간들은 홀로 살면 편하고 좋을 것으로 생각하지만, 실제로는 삶의 의미와 보람이 느껴지지 않고 희열과 행복감이 훨씬 줄어든다네. 따라서 인간의 본래적 삶, '너'를 사랑하고 '하나님'을 사랑하는 일, 하나님 앞에서 사명에 따라 사는 삶을 살아갈 때, 그것이 힘들지라도 오히려 기쁨이 있고 감격이 있고 희열이 있어. 한마디로 살맛나는 인생을 살게 된다네.
- 성도들을 향하여 '잘 살아라', '평안하라', '축복 받으라' 하며 받아 누리는 차원의 메시지만 전하고 설교한 지도자들의 죄가 정말 큰 것 같군요. '복이 되는' 차원의 진정한 축복을 가르쳐서 성도들이 사명에 살도록 그들을 잘 가르치고 인도했어야 하는데 말입니다. 성도들의 삶을 진정한 사명과 진정한 의미와 진정한 기쁨의 세계로 인도하지 못한 지난날의 미숙함을 회개하고, 성도들의 삶을 한 차원 높은 '사명에 사는 인생'으로 이끌어 주어야 하겠습니다.
- 임 목사 말이 맞아. 모든 그리스도인들이 살맛나는 인생을 살도록 사명에 사는 삶을 가르쳐 주지 못한 지도자의 잘못을 회개해야 맞을 거야.
- 그래서 초신자 시절부터 사명에 사는 삶을 도전하고 가르치는 것이로군요?

2) 왜 영혼 구원을 위한 중보기도인가?

- 선배님, 모임 초기부터 사명의 세계로 나아가도록 인도하여야 한다는 것을 뼈저리게 깨닫고 있습니다. 그런데 그게 영혼 구원을 위해 중보기도 하고 전도하는 일로 시작하네요? 기존 신자들은 가능하겠지만 새신자 그룹에서도 그게 가능한가요?
- 우리의 고정관념을 좀 깨뜨릴 필요가 있어. 일반적으로 새신자는 몇 년 성장해야 전도도 하고 기도도 하고 또 리더가 된다고 생각하는데 그 거짓 신화를 깨야 해. 물론 새신자가 미숙할 수는 있지만 새신자의 가능성은 무한하거든. 우선 가르치는 대로 되고 전도 대상자도 많고 전도도 묵은 신자보다 더 잘한다네.
- 전도를 더 잘 한다고요?
- 묵은 기존 신자는 우선 전도 대상자도 없고, 전도를 안 하고 사는 게 아무렇지 않게 굳어 버려서 전도를 잘 못해. 그러나 새신자는 우선 주변에 전도 대상자가 많고, 전도해야 한다고 가르치면 전도하거든. 그래서 오히려 처음부터 새신자가 사명에 살도록 지도하고 전도하도록 가르치고 그를 위해 영혼 구원의 중보기도를 하게 하고, 전도도 하게 하고, 결국 BK3 소그룹을 개척하여 리더가 되게 하면, 역동적인 신자로서 제자 삼는 제자로 성장하거든.
- 그럴까요? 그렇다고 믿고 저희도 새신자부터 사명에 살도록 이끌고 전도하고 영혼을 위하여 기도하도록 지도하겠습니다. 그런데 영혼 구원을 위한 중보기도가 성경적인 사역이라는 확신을 어디서 얻으셨나요?
- 그 이야기를 좀 나누어야 하겠군. 영혼 구원을 위한 중보기도의

성경적 원리를 나는 이미 《코미멀》에서 다루었고, 또 《전도 영성》
에서도 반복하여 이야기한 바 있어. 그러나 자네들을 위하여 다
시 한번 다루어야 할 것 같군.
— 네. 《코미멀》과 《전도 영성》을 읽게 하여 더 확신을 갖게 하겠지
만, 우선 기본적인 원리를 우리에게 들려주세요.

교회의 전도 사명

— 그러기로 하지. 그런데 정 목사, 예수님께서 교회라는 말을 직접
쓰신 경우가 어디에 있는지 아나?
— 사복음서 어딘가에 있겠지요.
— 얼마나 자주 쓰셨는지도 아는가?
— 주목해 보지 않았지만, 자주 썼겠지요?
— 사실 그렇지 않아. 예수님이 직접 교회라는 말을 쓰신 이야기는
오직 마태복음에만 나오고 두 곳에서 세 번 언급하셨어.
— 그렇다면 직접 교회를 언급하신 부분은 교회의 이미지와 성격이
무엇인지 가르치는 말씀이 아닐까요?
— 그렇게 생각한다면 이 부분은 반드시 보고 가야겠지?
— 아마도 그렇겠지요.

> **마 16:15-19** [15]이르시되 너희는 나를 누구라 하느냐 [16]시몬 베드로가
> 대답하여 이르되 주는 그리스도시요 살아 계신 하나님의 아들이시니
> 이다 [17]예수께서 대답하여 이르시되 바요나 시몬아 네가 복이 있도다
> 이를 네게 알게 한 이는 혈육이 아니요 하늘에 계신 내 아버지시니라
> [18]또 내가 네게 이르노니 너는 베드로라 내가 이 반석 위에 내 교회를

세우리니 음부의 권세가 이기지 못하리라 ¹⁹내가 천국 열쇠를 네게 주리니 네가 땅에서 무엇이든지 매면 하늘에서도 매일 것이요 네가 땅에서 무엇이든지 풀면 하늘에서도 풀리리라 하시고

마 18:12-20 ¹²너희 생각에는 어떠하냐 만일 어떤 사람이 양 백 마리가 있는데 그중의 하나가 길을 잃었으면 그 아흔아홉 마리를 산에 두고 가서 길 잃은 양을 찾지 않겠느냐 ¹³진실로 너희에게 이르노니 만일 찾으면 길을 잃지 아니한 아흔아홉 마리보다 이것을 더 기뻐하리라 ¹⁴이와 같이 이 작은 자 중의 하나라도 잃는 것은 하늘에 계신 너희 아버지의 뜻이 아니니라 ¹⁵네 형제가 죄를 범하거든 가서 너와 그 사람과만 상대하여 권고하라 만일 들으면 네가 네 형제를 얻은 것이요 ¹⁶만일 듣지 않거든 한두 사람을 데리고 가서 두세 증인의 입으로 말마다 확증하게 하라 ¹⁷만일 그들의 말도 듣지 않거든 교회에 말하고 교회의 말도 듣지 않거든 이방인과 세리와 같이 여기라 ¹⁸진실로 너희에게 이르노니 무엇이든지 너희가 땅에서 매면 하늘에서도 매일 것이요 무엇이든지 땅에서 풀면 하늘에서도 풀리리라 ¹⁹진실로 다시 너희에게 이르노니 너희 중의 두 사람이 땅에서 합심하여 무엇이든지 구하면 하늘에 계신 내 아버지께서 그들을 위하여 이루게 하시리라 ²⁰두세 사람이 내 이름으로 모인 곳에는 나도 그들 중에 있느니라

- 마태복음 16장과 18장에 나오는데 이를 연결해서 이해해야 할 것이야. 자, 이 말씀을 보면서 교회가 어떤 성격의 공동체인지 찾아보게.

신앙 공동체
- 첫째로 "이 반석 위에 내 교회를 세우리니"라고 말씀하셨거든? 이 '반석'이 무엇인가를 이해해야겠군. 그 반석이 교회의 바탕 되는 기초가 되는 것이니까.
- 반석은 베드로의 별명이 아닌가요?
- 별명이라기보다는 '베드로'라는 이름의 뜻이 반석이래. 'Πέτρος' (페트로스)가 돌, 바위, 반석이란 뜻을 가지고 있는데 그 이름을 빗대어 말씀하신 것이지.
- 직역을 하면 베드로 위에 교회를 세우신다고 하신 것이네요? 그래서 한때 교황권이 절대적으로 주장될 때는 교황이 베드로의 후계라고 주장하며 교황권 위에 교회를 세운다는 식으로 주장했다고 하더라고요.
- 그랬다고 하더군. 그러나 억지 주장일 것이고, 베드로가 마침 예수님에 대한 신앙 고백을 바르게 하니 그의 이름이 반석인지라 그대로 빗대어 이 반석 위에 교회를 세운다고 말씀하신 것이겠지.
- 베드로의 고백은 '예수님이 그리스도요 하나님의 아들'이라는 고백인데요, 예수님을 구세주와 하나님의 아들로 믿는 신앙 고백의 기초 위에 세우는 신앙 공동체라는 뜻이겠군요?
- 그렇네. 쉽게 말해 예수 믿는 사람들의 공동체가 교회라는 거야. 예수님을 구세주로 또 주님으로 믿는 사람들이 이루는 공동체란 말이지.

사명(선교) 공동체
- 둘째는 천국 열쇠를 갖는 공동체라고 했으니, 일단 천국의 일을

위임 받은 사명 공동체 또는 선교 공동체의 성격을 갖는 것 같습
니다. 그런데 땅에서 매면 하늘에서도 매이고 땅에서 풀면 하늘
에서도 풀린다는 것은 무엇이지요? 뭘 매고 푸는 것일까요?
- 똑같은 말씀이 18장에 다시 나오거든. 그래서 18장과 연결해서
이해하면 될 거야. 18장 12-14절에 무슨 이야기가 나오나?

(1) 잃은 양을 찾으라
- 잃은 양을 찾는 이야기입니다.
- 잃은 양을 찾는다는 것은 무엇을 한다는 말이겠나?
- 전도하는 것 아닌가요? 잃어버린 영혼을 찾는다는 전도 사명을
이야기하는 것 같아요.
- 그렇지? 긴 이야기할 것 없이 잃어버린 영혼을 찾는 전도 사명으
로 이해하자고. 예수님이 직접 교회라는 단어를 사용하신 부분
에서 교회가 하는 첫 사명이 전도인 것을 언급하신 것이니, 전도
는 교회와 그리스도인의 본질적인 사명이라고 이해하여야 할 것
이야.
- 그래서 새신자 때부터 전도를 사명으로 알고 행하고 영혼 구원을
위한 중보기도를 하게 하는 것이란 말씀이군요?
- 그렇지 않겠나? 교회가 하는 첫 번째 사명을 전도라고 가르치는
것이니. 그다음 15-17절은 무엇을 이야기하는 것 같은가?

(2) 죄 범한 형제를 회복하라
- "형제가 죄를 범하거든"이라고 하는 것을 보니 잃은 양의 범주와
는 다른 것 같지요?

- 그러겠지? 형제라면 이미 믿는 사람 간에 쓰는 말일 테니. 믿는 형제라도 다시 죄를 짓고 죄 가운데 빠지는 경우가 있을 것이고, 그런 경우 찾아가 돌아와야 한다고 권고하라는 말씀 같지?
- 그렇긴 한데 잃은 양을 찾으라는 말씀을 하실 때보다 오히려 복잡하게 말씀하시네요. 단계적으로 3단계로 말씀하고 있지 않아요?
- 어떻게 3단계인가?
- 처음에는 그 사람과만 상대하여 개인적으로 권고하는 것이고요. 그래도 말을 안 듣고 효과가 없으면 두세 사람 더 데리고 가서 권고하고 두세 증인의 말마다 확증하게 하라 하고요. 그래도 안 듣고 효과가 없으면 교회 전체에 말하고 교회 전체가 권고하는 것으로 말씀하시는데요? 여기 "확증하게 하라"는 표현은 '네 죄가 분명하지 않으냐?' 하고 증거를 들이대는 느낌이라서 죄인을 죄인으로 몰아붙이는 느낌도 납니다.
- 선배님, 제가 자랄 때 우리 담임 목사님은 이걸 권징의 원리로 다루셨어요. 교회 다니는 사람 중에 죄를 범하거나 잘못을 저지르면 세 차례 권고하고, 세 차례의 권고에도 안 들으면 제명시키는, 교회 권징으로 사용되고 있는 말씀으로요.
- 그래, 정 목사가 말한 대로 죄인을 꼼짝 못하게 정죄하는 느낌이 나기도 하지만 사실은 그렇지 않아. 왜 '확증하라'로 번역했는지는 모르겠는데, 아마도 이 말씀이 권징의 말씀이라는 선입관을 가지고 번역한 것은 아닌가, 싶은 생각이 들어. 원래 '확증'으로 번역한 단어의 헬라어는 "ἵστημι(히스테미)인데 히스테미는 '서다, 멈춰 서게 하다, 세우다'를 의미하거든.

- 그렇다면 과연 회복에 초점이 있는 말씀이네요. 넘어진 죄인이 더 이상 죄의 길을 멈추게 하고 회복하게 하고 다시 서게 하는 일 말이죠.
- 그래, 이 말씀은 사실 교회 권징의 원리로 사용되어 왔지. 그러나 우리가 성경을 해석할 때 그 말씀하시는 하나님 또는 예수님의 마음이 무엇이냐를 먼저 생각해야 한다고 보거든. 예수님이 이 말씀을 하실 때 세 번 권고하고 말을 안 들으면 제명하는 징계의 원리에 초점을 둔 것 같은가, 아니면 죄 범한 형제를 어떻게든 회복하는 데 초점을 둔 것 같은가?
- 잃은 양을 찾으라는 말씀은 한 영혼이라도 구원하시려는 것이요, 죄 범한 형제를 권고하라는 것도 버리기 위함이 아니라 여전히 회복을 위함이라고 생각합니다.
- 그렇지? 그러니까 불신자를 전도하는 것보다 믿는 자가 죄를 범하고 넘어졌을 때 회복하는 일이 어려우니, 도리어 조심스럽게 3단계로 접근해야 하고 더 많은 노력을 하여야 한다는 말씀이라고 이해해야 하지 않을까?
- 그렇겠네요. 믿는 자가 죄에 빠졌으니 처음부터 교회에 광고하면 돌아오고 싶어도 못 돌아올 것 아닙니까? 그러기 때문에 일단 개인적으로 그 사람과만 상대하여 권고하라고 하는 것이고, 그게 안 될 때는 아마도 그를 사랑하는 친구들 몇 명이 가서 '이래서는 안 된다'라고 강권하여 어떻게든 넘어진 그를 세우라는 말씀이고, 그래도 안 되면 버려 두는 것보다는 전체 교회가 알고 기도하고 권하는 일을 하라고 말씀하시는 것 같습니다.
- 좋아. 임 목사, 대단한 이해력인데?

- 그냥 생각나는 대로 말한 것뿐이에요.
- 그래, 임 목사 말이 맞는 것이지. 잃은 영혼을 찾고 넘어진 영혼을 회복하는 예수님의 사랑의 마음을 읽어야 하겠지?
- 네, 그래서 여기까지 일단 교회는 잃은 양을 찾고 넘어진 영혼을 일으키는 사명 공동체라는 점이 분명하단 말씀이지요?
- 그렇지.

(3) 매고 풀어라

- 그러면 매고 푸는 것은 무슨 뜻이지요? 땅에서 한 영혼을 교회에 묶으면 천국에 붙어 있고, 땅에서 버리면 천국에서도 버린 자 된다는 말인가요?
- 나도 처음에는 그리 생각했는데, 매고 푼다는 헬라어를 공부해 보니 그런 뜻이 아닌 것 같아. 그 매는 대상이 무엇 또는 누구이고 푸는 대상은 무엇 또는 누구인가 하는 것을 다시 생각하게 되더라고.
- 어떻게 이해하셨는데요?
- 여기 맨다는 말의 헬라어는 'δεω'(데오)인데 '묶다, 동여매다, 차꼬를 채우다' 곧 꼼짝 못 하게 묶어 놓는 것을 의미해. 부정적인 대상을 묶어 놓는 것을 의미하는 것 같지 않나?
- 그런 것 같네요. 그럼 푼다는 말은 어떤 뉘앙스인가요?
- 푼다는 말의 헬라어 'λύω'(뤼오)는 '풀다, 해방하다, 석방하다, 풀어 놓다' 하는 뜻으로, 맨다 즉 '묶다'의 반대말이지.
- 그렇다면 묶여 있는 대상을 풀어 자유롭게 한다는 뜻 같은데, 무엇을 묶고 무엇을 푸는 것일까요?

- 한번 생각해 봐. 이 말씀을 하기 전에 교회의 어떤 사명 또는 사역을 말씀하셨지?
- 잃은 양을 찾는 사역, 즉 전도 사역과 죄 범한 형제, 또는 넘어진 형제를 회복하고 일으키는 사역이었어요.
- 맞아. 이제 우리가 이 일을 영적인 눈으로 바라보면 묶어야 할 대상과 풀어야 할 대상이 보일 거야.
- 무슨 말씀이세요? 뭘 어떻게 바라보나요?
- 우선 푸는 일부터 생각해 보자고. 불신자의 영혼과 죄 범한 형제의 영혼은 무엇에게 또는 누구에게 묶여 있는 상태인 건 아닐까?
- 죄에게 묶인 영혼?
- 그렇지. 죄의 세력에 묶이고 더 나아가 죄 짓게 하는 마귀에게 묶인 영혼의 상태라는 거야. 그래서 교회의 사역 중 하나는 죄와 마귀의 세력에 묶여 있는 영혼들을 풀어 자유롭게 하는 것 아니겠나?
- 아, 묶인 영혼을 풀어낸다고요? 그런 차원에서 말할 수 있겠군요. 풀어야 하는 대상이 잃은 양, 죄 범한 형제로서 그들의 묶인 영혼을 푸는 것이라면, 묶어야 할 대상은 누구인가요?
- 묶어야 할 대상은 바로 그 마귀 아니겠나?
- 아, 그러면 마귀는 묶고 마귀에게 묶여 있는 영혼은 풀어내라는 것인 모양이네요?
- 그런 것 같지 않나? 바울 사도가 자신의 전도와 선교 사역을 이렇게 말한 적이 있지?

행 26:18 그 눈을 뜨게 하여 어둠에서 빛으로, 사탄의 권세에서 하나

님께로 돌아오게 하고 죄 사함과 나를 믿어 거룩하게 된 무리 가운데서 기업을 얻게 하리라 하더이다

- 어둠에서 빛으로, 사탄의 권세에서 하나님께로 돌아오게 하는 것이라고 표현했군요.
- 그렇다네. 사탄의 권세에서 벗어나 하나님께로 회복되는 것을 말하고 있어. 교회는 사탄의 권세에 묶인 영혼들을 풀어내서 하나님의 백성으로 회복하는 사명이 있고, 그러기 위해서 사탄의 세력은 묶기도 해야 하는 것이지.

매고 푸는 원리

- 그렇다면 어떻게 사탄 마귀를 묶고, 묶인 영혼들을 풀어내지요? 전도한다, 권고한다는 것은 이해되는데 묶고 푸는 것은 어떻게 해야 하는지 다시 배워야겠는데요?
- 사실 현대 신학은 합리주의에 기반하고 있기 때문에 마귀를 묶는다는 개념은 생소할 거야. 어떤 신학도 마귀를 신학의 대상으로 취급하지는 않았으니까.
- 그 말씀이 맞는 것 같아요. 어떤 교수님도 마귀 이야기하는 것을 보지 못했고, 아직 많지는 않지만 읽어 본 신학 서적 중에서도 마귀를 언급한 것은 보지 못한 것 같아요.
- 그렇지? 그러다가 20세기 후반 들어 이 합리주의 신학의 한계가 드러났는데, 선교 현장에서 씨름하는 선교사들이 제기한 거야. 합리주의 신학을 배우고 선교 현장에 투입된 서구 선교사들은 선교지에 가면 첫 번째 임기(term)는 현지 언어 배우는 데 집중하고,

두 번째는 선교지 사람들을 문화 인류학적으로 연구하는 데 집중하고, 세 번째는 커뮤니케이션 이론에 따르는 복음 제시 방법을 연구한다네. 그렇게 20년 가까이 되어서야 본격적인 전도를 시작하는데, 막상 그렇게 연구한 모든 이론과 모든 방법을 동원해도 한 사람 결신시키는 일조차 너무 어려운 거야.

- 20년 걸려 시작한 전도가 열매가 없으면 답답하겠지요?
- 아마 그럴 거야. 20년 선교에 한 사람의 개종자 얻기가 어려운 현실에 직면하여 선교사들은 절망을 경험하곤 해. 그러다가 몇몇 선교사들이 울고불고 하나님 앞에 부르짖고 기도하다가 깨닫거나 의외로 생각지 않은 방향에서 전도가 이루어지는 것을 경험했어. 바로 타락한 죄인의 영혼들이 마귀에게 묶여 있다는 것과, 영혼이 묶인 채로 그대로 두고는 아무리 논리정연하게 설득해도 끄덕끄덕 이해는 하지만 결신을 안 한다는 것, 아니 결신을 못하더라는 것이지.
- 이게 영적인 일이라 눈에는 안 보이지만 영혼들이 마귀에게 묶여 있어서 이론적·지성적 설득으로 개종되지 않는다는 것이 드러나는 것이네요?
- 그렇지. 그래서 연구하는 일을 멈추고 열심히 기도했더니 전도가 이루어진다는, 지성적으로는 이해할 수 없는 영적 사실을 경험하면서, 선교가 효과적으로 이루어지려면 영적 전쟁이라는 사역이 필요하다는 것을 알아차리기 시작했어. 그러면서 영적 전략의 하나로서 중보기도의 중요성이 재발견되는 과정을 갖게 되었다네.
- 아, 그렇군요. 요즘 기독교 서점가에 영적 전쟁이라는 주제의 책이 굉장히 많이 쏟아져 나오고 중보기도에 대한 책도 많이 나오

더라고요. 그러한 배경이 있었구나.
- 이런 문제에 공감하고 함께 경험하는 일이 목회 현장에서 일어나기도 했어. 특히 이 주제를 신학적으로 다루려고 덤빈 사람들이 있지. 대표적으로 알려진 바는 미국 풀러 신학교의 교회 성장학 교수인 피터 와그너를 들 수 있어. 그는 적극적으로 영적 전쟁을 신학적 주제로 다루려는 시도를 했지.
- 피터 와그너 교수의 신학에는 반론도 많은 것 같던데요?
- 물론 그의 신학에 대하여는 반론도 많아. 나도 그의 신학에 다 동의하지는 않아. 특히 그가 초기 신학에서 다룬 영적 전쟁 같은 주제는 신학이 잘 정립되지 않은 채로 막 나와서 앞뒤가 안 맞는 이론도 많거든. 하지만 적어도 하나님 은혜의 반대편에 있는 영적 세력에 대한 신학적 시도를 했다는 점에서는 용감한 신학자라고 생각하지.
- 선배님은 이 주제에 어떻게 관심을 갖고 깨닫게 되었나요?
- 내가 이 주제를 긍정적인 시각으로 탐구하기 시작한 것은, 1989년도에 필리핀 마닐라에서 개최된 제2차 로잔대회에서 이 주제가 상당히 중요한 이슈로 토론되고 평가되었기 때문이지.
- 로잔대회가 뭐 하는 대회인데요? 로잔대회라면 세계 교회 연합운동 중에 복음주의적이면서 세계 교회에 가장 영향을 미치는 모임 아닌가요?
- 맞네. 교파와 지역을 초월해서 복음주의적 입장에서 세계 교회와 선교를 주도해 가는 모임이라고 볼 수 있어.
- 거기서 무슨 내용이 나왔는데요?
- 사실 그 당시 나는 이 로잔위원회 한국 측 중앙위원의 한 사람으

로 들어갔어. 안타깝게도 활동은 못했지만.
- 왜요?
- 1988년도에 건강 문제로 요양 생활을 하면서 위원이 된 게 유명무실해졌다네. 다른 사람들은 활동했지만 나는 뒤로 빠져야 했어. 1989년에 들어 내 건강이 겨우 회복되는 중이어서 마닐라 대회에 직접 가지 못했어.
- 아쉬운 부분이네요?
- 그러나 내가 속해 있던 모임이라서 인터넷으로 들어가 토론하는 주제들을 살펴볼 수 있었어. 그런데 그때 이 주제, 곧 선교에 있어서의 영적 사역, 영적 전쟁 내지 중보기도 사역이 아주 활발하게 토론되었고, 영적 차원의 사역의 중요성과 중보기도의 중요성에 모두 동의하는 결론이 도출되었지. 마지막으로 채택된 마닐라 성명서(Manila Manifesto)에도 여러 차례 영적 사역의 중요성이 고백되었어. 그리고 나서 이 마태복음 18장에 나오는 말씀을 묵상하다 보니 영적 사역으로 마귀를 묶고 마귀에게 묶인 영혼들을 풀어내는 일이 얼마나 중요한지를 알게 되었지.
- 네, 그 중요성은 저도 공감합니다. 그런데 어떻게 마귀를 묶느냐 하는 것이 이해되어야 할 것 같습니다.
- 이 주제가 현대 신학적으로 좀 생소한 주제라서 확신을 갖지 않으면 이런 사역을 할 수 없으니, 너무 급하게 몰지 말게. 아무튼, 그래서 성경 다른 구절에서도 마귀를 묶는 일에 관하여 말씀하시는 것이 있는지 살펴보았지.

마 12:29 사람이 먼저 강한 자를 결박하지 않고서야 어떻게 그 강한

자의 집에 들어가 그 세간을 강탈하겠느냐 결박한 후에야 그 집을 강탈하리라

- 이 말씀은 귀신을 쫓아낸 일로 논쟁을 하는 중에 나온 말씀이군요. 성령을 힘입어 귀신을 쫓아내는 것이고, 그렇다면 이미 하나님의 나라가 임한 것이라고 하시면서 이 말씀을 덧붙이셨어요.
- 그랬지. 마귀를 묶고 나서 그에게서 영혼을 찾아온다는 말씀 아닌가? 설마 어느 집에 들어가 강한 자를 결박하고 그 집에서 강탈한다는 게 무슨 강도 짓을 가르치는 것이겠나. 강한 자로 대변되는 마귀를 묶고, 그에게 묶여 있던 영혼을 빼앗아 오는 것을 말하는 것이지. 바울 사도는 마귀가 우리가 복음을 받지 못하게 방해한다는 것을 이렇게 표현하기도 했어.

> **고후 4:3-4** ³만일 우리의 복음이 가리었으면 망하는 자들에게 가리어진 것이라 ⁴그중에 이 세상의 신이 믿지 아니하는 자들의 마음을 혼미하게 하여 그리스도의 영광의 복음의 광채가 비치지 못하게 함이니 그리스도는 하나님의 형상이니라

- 이렇게 표현하든 저렇게 표현하든 마귀가 복음을 믿지 못하게 하는 것은 사실이므로, 마귀를 묶고 영혼을 풀어내는 영적 사역이 중요하다는 것은 알겠어요. 그렇다면 '과연 어떻게?'라는 질문이 맴돌아요. 그리로 가시지요, 선배님.
- 그럼세. 우리의 원래 바탕 본문 마태복음 18장 19-20절에 뭐라고 하시나?

― 하도 토론을 길게 하다 보니 본문을 덮어 놓았네요, 다시 읽어 보겠습니다.

> **마 18:19-20** ¹⁹진실로 다시 너희에게 이르노니 너희 중의 두 사람이 땅에서 합심하여 무엇이든지 구하면 하늘에 계신 내 아버지께서 그들을 위하여 이루게 하시리라 ²⁰두세 사람이 내 이름으로 모인 곳에는 나도 그들 중에 있느니라

― 마귀를 묶는 영적 전쟁은 몽둥이나 총칼로 싸우는 것이 아니고 기도로 싸운다는 말이라네. 두 사람이 합심하여 구하는 합심 중보기도로 마귀를 묶고 묶인 영혼을 풀어낸다는 것이지. 여기서 합심 기도는 대단히 중요해. 마귀를 묶고 영혼을 풀어내는 기도는 교회가 공동체적으로 하는 공동체적인 기도지. 교회의 사역으로서의 공동체적 영적 사역이야.

― 교회가 기도하면 마귀가 묶이고 영혼이 풀려나는 원리가 무엇인가요? 과연 그렇게 되나요?

― 여기에 몇 가지 원리가 숨어 있어.

― 궁금합니다. 어서 알려 주세요.

(1) 약속과 응답의 원리

― 첫째는 합심하여 기도하면 하나님께서 그 기도와 더불어 역사한다는 약속과 응답의 원리야. 우리가 마귀가 묶이고 묶였던 영혼들을 풀어 달라고 기도한다는 것은 우리의 전도 현장에 전능하신 하나님을 불러 모셔 들이는 것이거든. 그러니 하나님께서 오

셔서 역사하심으로 마귀를 묶고 묶인 영혼이 풀려나는 일을 하신 다는 것이지.
- 기도하면 역사하기로 약속하신 약속의 원리이군요?

(2) 임재의 원리
- 그렇다네. 그리고 우리가 합심하여 기도한다는 것은 적어도 우리가 하나 된 수평적 코이노니아를 이룬다는 것이 아닌가? 이 코이노니아 공동체에 주님이 임재하는 것이야. 이것이 둘째 원리지. 20절에 두세 사람이 모인 곳에 예수님도 함께 한다고 하시지 않았나? 우리 코이노니아에 예수님이 임재하면 마귀의 활동이 어찌 되겠나?
- 마귀는 두려워하고 위축되겠지요.
- 그러지 않겠나?
- 그러면 이 원리는 임재의 원리라고 할 수 있나요?
- 그렇게 말할 수 있어. 그런데 여기에 또 하나의 비밀이 들어 있다네.
- 또 다른 원리가 있어요?

(3) 그리스도의 몸의 원리
- 있지. 다시 말하지만, 교회가 하나 되어 합심한다는 것은 코이노니아 공동체가 된다는 것이고, 여기에 예수님께서 오시면 수직적 코이노니아까지 완성되어 그야말로 온전한 코이노니아 공동체가 된다네. 이것을 그리스도의 몸이라고 부르는 것이고. 즉 그리스도의 몸 된 공동체가 되는 것이란 말이야. 그러면 이 교회 공동체가

마귀에게 무엇으로 보이겠나?
- 그리스도의 몸으로 보인다고요?
- 안 그러겠나? 마귀는 이 교회를 보고 이 공동체를 볼 때, 사람들의 집합체가 아니라 그리스도로 보게 되는 것이야. 그리 되면 마귀는 위축되고 물러가고 묶여 있던 영혼들은 탈출하겠지.
- 단순한 사람들의 모임이 아니라 그리스도의 몸으로 마귀를 제압하는 권세를 갖는 셈이네요?
- 바로 그거야. 합심하지 못하는 교회라면 마귀를 제압하거나 묶을 수 없어. 왜냐하면 마귀의 공격은 이 코이노니아를 깨려는 것이므로 깨진 코이노니아는 이미 마귀에게 잡히고 묶였다는 것을 의미하니까. 마귀가 그런 교회를 두려워할 리가 없지. 그러나 이러한 마귀의 전략이 몰아치는 세상에서 하나 된 그리스도의 몸이 되는 것은 이미 마귀 권세를 이겼다는 것이고, 마귀는 이 그리스도의 몸 된 교회의 권세 앞에 두려워 위축되고, 그렇게 마귀가 위축되는 동안 묶였던 영혼들은 탈출하게 된다는 원리일세.

합심 중보기도의 능력

- 이거 대단한 진리가 숨어 있는데요? 갈수록 흥미 있어요. 선배님, 그럼 지금까지 가르친 목사님들께서 이 합심 중보기도를 통하여 실제로 마귀가 묶이고 영혼들이 풀려나 전도가 잘된 간증도 있겠네요?
- 있다마다. 수없이 많은 간증을 가지고 있지. 목회자 훈련에서 영혼 구원을 위한 중보기도라는 주제로 마태복음의 이 본문을 가지고 가르치기 시작한 것이 1994년인데, 당시에 정확한 숫자가 기

억나지 않지만 아마 25명 안팎이었을 것이야. 이 한 그룹의 목회자들에게 이 원리를 가르쳐 주었어. 그들도 이것이 생소한 개념이니 긴가민가하며 교회에 가서 영혼 구원을 위한 중보기도 사역을 실제로 실시한 사람이 많지 않았던 것 같아.
- 처음 듣는 이야기라서 확신하지 못한 목사님들이 많았던 모양이네요?
- 그랬던 것 같아. 그런데 목포 앞바다 압해도라는 섬에서 목회하는 한 목사가 이것을 믿고 성도들에게 가르치고 그 섬사람들을 위한 중보기도를 하기로 했대. 우선 전도 대상자, 그러니까 아직 예수 안 믿는 사람들을 조사해 보니 80명 정도였다는군. 그 사람들의 명단을 작성하여 구역별로 나누어서 교회에서든 구역에서든 모일 때마다 기도하였대.
- 이야, 그거 보통 일이 아닌데요? 80명의 이름을 하나하나 부르며 기도하다 보면 시간도 엄청 걸리지 않을까요?
- 구역별로 분담하니까 아마 15~20명 정도 되었겠지? 교회에서 통성으로 기도할 때도 자기 구역에서 맡은 명단 위주로 기도하게 되거든. 모두가 80명 전부를 기도하다가는 지칠 수 있어. 그래서 분담한 것이니까.
- 구역별로 기도할 때도 구역에 할당 받은 그 영혼을 위하여 기도하고, 교회에서 함께 기도할 때도 그 영혼을 위하여 기도하는군요?
- 그렇지.
- 그렇게 얼마나 기도했나요?
- 우선 4개월 기도하고 5개월째가 되자 새신자 4명이 생겼대.

- 이동 신자는 아니었겠지요?
- 응, 아니야. 그 동네에 사는 불신자가 예수 믿겠다고 나온 것이지. 그런데 이 섬마을 사람들이 다 예수 믿어도 저 사람은 안 믿을 것 같다는 생각이 들었던 사람이 먼저 예수를 믿게 되었다는 것이야. 교회를 욕하고 예수 믿는 사람들한테 빈정대던 사람이 먼저 나왔대. 그래서 그 교회는 더욱 힘을 내서 끊임없이 기도했더니 5년 만에 80명 불신자 중 절반인 40명이 예수 믿게 되더라고 보고하더라고.
- 와. 절반이나요?
- 절반도 대단한 것이지만 5년 동안 한결같이 기도 사역을 했다는 것도 보통은 아니네요?
- 그렇지. 그런데 더 재미있는 것은, 다음 해에 홍성 지역에서 시골 교회 목회를 하던 목사가 이 기도를 배우고 이 원리를 깨닫고 실천했다는 거야. 압해도의 교회 간증을 듣고는 같은 방식으로 조사해 보니 그 지역에는 120명 정도의 불신자가 남아 있었대. 그 교회에서도 역시 구역별로 분담해서 열심히 중보기도를 했다네.
- 그 교회에선 얼마나 기도하고 어떤 열매가 나왔나요?
- 이 교회에서는 반응이 훨씬 빠르게 나타났어. 2개월 기도하고 3개월째 되는 어느 날 2명이 교회에 나왔다네. 그런데 빠른 반응보다 더 놀라운 일이 일어났어. 그 동네에는 산당이 있고 매년 동네 사람들이 돈을 거두어 음식을 마련하여 산당 제사를 지낸다는데 그 제사를 주관하는, 말하자면 제사장을 하던 사람이 교회에 나왔다는 것이야. 그래서 신앙생활 잘 하고 집사직 임명을 받게 되었대. 그리고 그때부터 산당 제사를 아무도 추진하지 않아

서 산당은 남아 있는데 제사는 없어졌다고 하더라고.
- 아, 그게 영적 전쟁이군요? 마귀 잡는다고 산당 때려 부수면 난리 날 텐데 기도하니 마귀가 위축되고, 그 사이에 제사장이 교회로 탈출하고 제사도 없어지고! 그렇게 되는군요? 예로 든 교회가 둘 다 시골 교회인데요, 도시 교회도 그리 되나요? 도시 교회에서는 안 믿는 사람 숫자도 많을 텐데 어떻게 다 조사하고, 또 어떻게 그 이름을 다 불러 기도하지요?
- 도시 교회에서는 그 도시의 사람들의 이름을 다 불러 가며 기도하기는 어려워. 도시 전체를 위한 기도를 하고는 각자가 일상에서 만나던 사람들을 전도 대상자로 정해 놓고 기도하게 하지. 도시 교회도 영혼 구원을 위한 중보기도는 대단한 파워를 나타내.
- 도시 교회 간증도 하나 들려주세요.
- 한번은 신년도 훈련이 시작되었는데, 미리 등록하지 않은 목사가 왔어. 광주시에서 목회하는 목사였지.
- 미리 등록하지 않은 목사가 왜 와요?
- 그래서 어찌 된 것인지 물었지. 자기는 광주시에서 꽤 안정적인 교회에서 목회하는데 지난 5년 동안 새신자를 하나도 얻지 못해서 좌절감을 느낀다는 것이야. 장로님들조차도 요즘 시대가 전도 안 되는 시대여서 다른 교회도 새신자가 늘지 않으니 너무 부담 느끼지 말라고 위로한다는데, 자기는 5년 동안 새신자 하나 없는 이런 목회는 너무 괴롭다는 거야. 그래서 1년간 훈련받으려고 안식년을 받았는데, 우선 예수전도단 목회자 제자훈련을 받으려고 알아보니 이미 다 마감되었다면서 1년 후에 지원하라고 하더래.
- 그래서요?

- 그래서 바나바훈련원에 대한 소식을 듣고 문의하니 역시 올해 지원자 마감이라며 안 된다고 하더래. 나와 직접 통화한 것은 아니고 어느 직원과 통화했던 것 같아. 그런데 훈련받을 곳을 찾기 어려워 무작정 바나바훈련원에 훈련 시작 당일에 찾아왔으니 받아주어야 한다며 간청하더라고. 보니까 개강 전에 하라는 숙제도 다 해가지고 와서 떼를 쓰는 것이야. 그래서 정식으로 등록하고 온 목회자들에게 동의를 구했더니 동병상련이라고, 규정은 미리 등록된 사람만 오는 것이지만 이렇게 간절하니 받아주는 것이 좋겠다고 다 동의를 해주어서 함께 훈련받게 되었어.
- 그런 경우도 있었군요?
- 정 목사, 혹 바나바훈련을 받으려거든 규정대로 미리 지원을 하고 훈련받게. 안 그러면 못 받는 수도 있으니까. 예외는 예외라서 보장이 없어.
- 네, 알겠습니다. 그래서 그 목사님은 훈련을 계속 받아서 어찌 되었습니까?
- 3월에 개강해서 5월에 중보기도의 원리와 사역 그리고 이 영혼 구원을 위한 중보기도를 배웠거든. 그런데 그 목사가 이 영혼 구원을 위한 중보기도를 알게 되더니 흥분하더라고. 그리고는 돌아가 당회를 모으고, 안식년을 반납한 채 다시 목회를 하면서 이 영혼 구원을 위한 중보기도를 성도들에게 가르치고 실시했다네. 몇 달 안 가서 그는 매 주일 새신자를 환영하는 즐거움으로 목회한다고 보고하더라고.
- 5년 동안 새신자를 한 사람도 얻지 못했는데, 영혼 구원을 위한 중보기도를 실시하면서 매주 새신자를 환영하는 즐거움을 누린

다고요? 도시 교회에서도 이 원리가 먹히는 모양이네요?
- 허, 사람 참. 도시와 시골은 다른 게 없어. 어떤 나라에도 똑같은 원리가 작동해.
- 나라나 문화의 차이도 없이 어디서나 적용되는 원리라고요? 다른 나라에서 적용된 간증도 있나요?

설득 전도? 능력 전도?

- 한번은 내가 아는 선교지 신학교에 가서 두 주간 특강을 한 적이 있어. 첫째 주에는 여주동행이라는 주제로 주로 말씀 묵상과 기도 훈련 즉 경건 영성을 강의하고, 둘째 주에는 중보기도 사역을 강의하였지. 거기서도 이 영혼 구원을 위한 중보기도를 강의하는 중에, 마귀를 묶고 영혼을 풀어야 전도가 된다는 점을 실감나게 이해시키려고 쇼를 했어. 지난주에 보지 못했던 여학생이 하나 있어 앞으로 나오라고 불러냈어.
- 지난주에는 결석했는데 이번 주에는 출석한 여학생이 있었던 모양이네요?
- 그랬던 것 같아. 그 여학생을 앞에 세우고 두 팔을 뒤로 하여 잡고 있으라 하고 이를 묶인 상태로 가정하고, 그녀의 입에 종이를 접어 물게 하여 재갈 먹인 것을 상징하도록 하면서 잠시 서 있으라 하였지. 그리고 내가 물 한 컵을 들고 그녀에게 "제가 오늘 자매님께 아주 소중한 물을 소개해 드리려고 왔습니다. 예수라는 이름의 물인데 이 물을 마시는 자는 영생을 얻습니다. 이 소중한 물이 얼마냐고요? 공짜로 드리는 선물입니다. 그저 받아 마시기만 하면 됩니다. 좀 마시겠어요?" 하고 권했지. 마시겠나, 못 마시

겠나?
- 마실 수가 없었겠지요. 팔이 묶이고 입에 재갈을 먹였으니 어떻게 마시겠어요.
- 그러면서 학생들에게 그렇게 물었지. "마시겠나? 못 마시겠나?" 그랬더니 그 학생들도 "못 마십니다"라고 대답하더군. 그래서 내가 다시 물었지. "못 마시는 것인가, 안 마시는 것인가?" 그랬더니 "못 마시는 겁니다" 대답하더군.
- '안 마시는 게 아니라 못 마시는 것'이란 말이지요?
- 안 그런가? 묶여 있는 사람을 먼저 풀어야지, 묶인 사람한테는 아무리 물이 좋다고 설득한들 마실 수가 없지. 그래서 묶인 영혼을 풀어 주지 않고 설득만 해서는 전도가 되기 어렵다는 것을 설명해 주고, 이제 중보기도를 통하여 그를 풀어 주는 쇼를 계속했어. 그녀의 묶인 손을 잡고 중보기도를 한 후 "이제 내가 예수 이름으로 명하노니 어두움의 영은 이 자매를 풀어놓고 떠나라" 하고 명령했지. 명령하면서 팔을 풀어 주고, 재갈 먹인 종이 뭉치를 뽑아냈어. 그리고 나서 다시 물을 소개하고 물을 마시지 않겠느냐고 권하자 그녀는 물을 마실 수가 있게 되었지. 우리는 박수를 치고 그녀를 돌아가 앉히고 강의를 계속했다네.
- 그렇게 보여주니 이해가 빠르네요? 아까 묶고 푸는 이야기 원리를 말씀하실 때 이렇게 보여주셨으면 실감났을 텐데 이제야 보여주신 뜻이 있나요?
- 아까 보여주든 이제 보여주든 보여주면 되지 않나? 이 이야기를 하면 나오게 되었으니 내가 뒤로 미루었던 것이지.
- 그래서 쇼를 했다는 이야기가 전부인가요?

- 아니 더 들어봐. 그리고 나는 귀국했을 것 아닌가?
- 그러셨겠지요.
- 귀국해서 서너 달 지났나, 거기서 편지가 왔더라고. 그때 그 여학생과 다른 남학생이 편지를 썼고, 그걸 번역한 글까지 같이 왔어. 그 여학생 편지 내용에는 이런 이야기가 적혀 있더군.
- 무슨 이야기가요?
- 자기는 전도 받고 예수 믿고는 너무 기쁨이 충만하여 신앙이 성장하기도 전에 전도한 친구 따라 바로 신학교에 입학했는데, 최근 믿음에 회의가 일어나고 구원의 감격을 잃고 예수 믿는 게 싫어져서 학교도 장기 결석하고 교회도 안 나가고 했대. 그런데 전도한 신학생 친구가 한국에서 유명한 강사가 와서 특강하는데 기가 막히니, 꼭 함께 가야 한다면서 끌고 나와 앉아 있었다는 거야. 그런데 갑자기 자기를 불러내어 마귀를 묶고 영혼을 풀어내는 중보기도를 하는 쇼를 하면서 예수 이름으로 어두움의 영은 떠나라고 명령할 때 실제로 자기에게서 검은 휘장 같은 게 벗어져 나가는 것을 보았는데, 그 후로 구원의 감격과 기쁨이 회복되면서 확신을 얻고 다시 학교에 다니게 되었대. 그리고 영혼 구원을 위한 중보기도의 원리를 확신하면서 용기를 내어 전도 대상자를 정하고 기도하면서 전도하게 되었고, 그 결과 새신자를 얻으면서 아예 가정 교회 하나를 개척하게 되었다는 보고를 써 보냈더라고.
- 우와, 그 여학생에게는 어두움의 영에게서 해방되는 실제 현장이 되었네요? 다른 남학생의 편지 내용은 무엇이었나요?
- 남학생의 편지 내용 역시 대단한 간증이었어. 그는 방송국 프로듀서래. 그 학교는 야간 신학교였거든. 그 남학생은 자기 집안에

서 혼자 예수를 믿는데 가족들을 전도하는 부담이 있어 아무리 노력해도 전도가 안 되고, 전도하려다 도리어 가족들에게 욕먹고 핍박만 받았대. 그런데 영혼 구원을 위한 중보기도를 배우고는 그날부터 아버지를 위하여, 어머니를 위하여, 형을 위하여, 아우를 위하여 한 사람 한 사람 영혼 구원을 위한 중보기도를 하면서 신학교 친구들과 함께 기도했는데, 드디어 자기 부모도 예수 믿게 되었다며 감사하고 기쁘다고 보고하는 내용이었어.

- 몇 달이나 기도했는데요? 서너 달 후라 하지 않았어요?
- 그랬어. 때로는 오랜 기도를 필요로 하지만 때로는 빠르게 응답되기도 하지.
- 정말 영혼 구원을 위한 중보기도는 실제적인 영적 전쟁이고 살아 있는 영적 사역이로군요! 그런데 궁금해서 그러는데, 영혼 구원을 위한 중보기도를 실제로 어떻게 진행하는지 기도문의 실례라도 가르쳐 주시면 안 되나요?
- 아니 임 목사, 방금 전에 실제로 모임에서 영혼 구원 중보기도 하는 것을 보고서도 또 질문인가?
- 아, 그랬지요. 도시 전체를 위하여 복창기도를 하고, 작정한 태신자를 위하여 한 사람 한 사람 기도한 내용이 있었지요?
- 그렇게 기도하면 된다네.
- 네, 알았습니다.
- 중요한 것은 새신자 때부터 사명에 따라 사는 원리를 가르치고 전도 사명을 품게 하여 영혼 구원을 위한 중보기도를 실시하는 거야. 그리고 영혼 구원을 위한 중보기도는 교회 공동체적 기도인데, 두세 사람이 모인 곳은 이미 교회 공동체이므로 바이블 코이

노니아 모임에서 한 영적 사역으로 실행하고 전도의 열매를 보도록 하는 것이라네.
- 그러고 보니 세 번째 모임 만에 바이블 코이노니아 모임의 온전한 틀을 갖추게 되었군요?

3) 코이노니아 모임의 틀

- 바이블 코이노니아 모임의 틀을 한번 정리해 주시지요?
- 코이노니아 모임의 틀을 영어로 'Worship'으로 정리하였는데, 세 부분으로 나누어 정리해 보았어. Wor/sh/ip 말이야.
- 'Wor'는 무엇을 의미하나요?
- 'Wor'는 'Word'의 약자로 말씀을 뜻해. 찬송하고 기도하고는 말씀을 나누는 것이지. 이미 언급한 대로 《코미멀》을 쓸 당시에는 말씀 부분에 큰 부담을 느끼지 않도록 목사님께서 주일에 설교한 것을 다시 복습하며 적용함을 나누게 하였으나, 이번에 비대면 시대에 적응하는 3인조 모임에서는 제자훈련의 성격을 강화하기 위하여 성경 읽기로 전환하여 각자 읽은 성경을 나누도록 하였지.
- 'Sh'는 무엇을 의미하나요?
- 'Sh'는 'Sharing'의 약자로 삶을 나누는 것이야.
- 삶을 나눈다는 것은 구체적으로 어떤 내용을 나누는 것인가요?
- 이 나눔은 세 가지 요소로 이루어진다네. 첫째는 한 주간 살면서 경험한 감사를 나누는 거야. 우리의 생각을 감사 쪽으로 이끌기 위하여 감사를 나누게 하지만, 감사 이야기를 하다 보면 일주일의

삶이 어떻게 진행되었는지 거의 배경 이야기로 나오게 되어 있어 삶 전체 이야기가 되는 것이지.
- 일주일을 어떻게 살았는지를 나누는데 감사라는 관점에서 나누게 한다는 말씀이지요?
- 맞아. 언제나 삶을 감사로 가져가는 연습을 하면서 삶의 이야기를 나누게 하는 것이지.
- 다른 하나는 무엇을 나누나요?
- 둘째는 기도 제목이야. 기도 제목을 나누다 보면 결국 그 사람의 삶의 방향을 알게 되고, 그의 삶의 짐이 무엇인지를 느끼게 되다네. 그리고 그 짐을 함께 지고 가는 경험을 하게 되고. 그런데 그 다음이 더 중요해.
- 그다음이 무엇인데요?
- 두 가지 나눔에서 나오는 세 번째 요소인데, 형제의 짐을 함께 짊어지는 것이야. 이 나눔에 있어서 가장 중요한 것은 형제의 짐을 공동으로 지는 것이지. 서로의 짐을 서로 함께 지는 일 없이는 코이노니아가 경험될 수 없어.
- 형제의 짐을 내 짐처럼 함께 짊어진다고요? 어떻게 짊어지나요?
- 우선 사랑하는 마음으로 형제의 짐을 공동의 짐으로 취하는 것이야. 네가 아프고 네가 힘들고 네가 고생하는 것이지 나는 아니라는 태도가 아니라, 너의 아픔은 내 아픔이고 너의 짐은 나의 짐이고 너의 고난은 나의 고난이라는 진정한 사랑의 마음으로 함께 해결하려고 하는 것이야.
- 인생에서 내 짐 지고 가는 것도 힘든데 다른 사람의 짐까지 짊어지고 가야 한다고요?

- 어허, 함께 짊어지므로 오히려 가벼워지는 것이라네.
- 그런데 짐을 어떻게 지고 가나요?
- 우리가 서로의 짐을 진다고 하지만 솔직히 무슨 짐을 짊어질 능력이 얼마나 되겠는가?
- 그러니까 말입니다.
- 우리 몫은 사랑하는 마음 하나고, 실제로는 이 짐을 하나님께로 가져가는 것이지.
- 짐을 지기는 하되 스스로 감당할 능력이 없으므로 하나님께 토스하는 것이군요? 하나님께 가져간다는 말이네요.
- 그렇다네.
- 사랑으로 형제의 짐을 함께 짊어지는 사랑의 중보기도를 드린다는 말이지요?
- 그래. 형제의 짐을 지는 행위는 기본적으로 사랑의 중보기도라는 기도로 행하게 된다네. 사랑의 중보기도란, 한마디로 사랑으로 형제의 짐을 함께 지고 하나님께 나아가 호소하고 부르짖는 기도이지. 나눔에서 진정한 삼위일체적 코이노니아를 경험하게 해주는 열쇠가 바로 사랑의 중보기도라네.
- 사랑의 중보기도가 형제의 짐을 사랑으로 함께 지는 행위가 된다는 것은 이제 이해가 되는데요, 그게 왜 삼위일체적 코이노니아 경험의 열쇠가 되나요?
- 왜 그런가 하면 첫째, 기도 제목을 각자의 짐으로만 여기고 그저 불쌍하다고, 한 번 정도 감정만 느끼고 지나가면 코이노니아는 경험될 수 없어. 형제의 짐을 공동으로 지려는 마음, 그것이 사랑의 시작이야. 모두가 한 형제의 짐을 자기 짐으로 삼아 짊어지는 것

이 사랑의 출발점이란 말이지. 한 지체가 고난을 받으면 함께 아파하는 경험을 일으키는 것이야. 그리고 그렇게 짐을 함께 지고 기도하였을 때 기도가 응답되고 그 짐이 해결되면 진정으로 함께 기뻐하게 된다네. 그래서 한 지체가 영광을 얻으면 함께 기뻐하는 경험이 일어나는 것이고.
- 정말 큰 기쁨이 되겠다는 생각이 듭니다.
- 그리고 둘째, 형제의 짐을 함께 짊어지고 어디로 가는가?
- 하나님께로 가지 않나요?
- 맞지. 하나님께 부르짖는 것이지. 그러면 하나님께서 응답하시는가, 안 하시는가?
- 하나님은 응답하십니다.
- 하나님께서 우리의 기도를 응답하신다는 것은 또 무엇을 의미하는가? 하나님께서 우리 공동체 가운데 임재하신다는 의미이기도 하지? 하나님의 임재가 경험되면서 나와 너와 하나님이 하나 되는 온전한 코이노니아가 경험되는 감격을 맛보게 된다네.
- 아, 사랑으로 형제의 짐을 지는 기도는 형제와 하나 되는 코이노니아고, 동시에 하나님을 모셔서 함께 하는 코이노니아가 되는 것이군요? 그래서 십자가의 코이노니아, 나와 너와 하나님과의 코이노니아가 경험되는 것이고요.
- 그렇다네. 그러므로 우리끼리 이야기 나누고 도매금으로 묶어 기도하고 끝나는 식의 나눔은 별로야. 누군가 내 얘기를 들어주는 사람이 있다는 것만으로도 몇 번은 만나서 수다 떠는 게 즐겁겠지만, 그 정도로는 진정한 기쁨을 누리지 못해. 우리 모임에 주님께서 임재하여 오셔야 진정한 기쁨과 감격을 누릴 수 있어. 사랑

의 중보기도는 그런 의미에서는 주님을 우리 가운데로 초청하여 모시는 행위와도 같다네.
- 그래서 사랑의 중보기도는 한 사람 한 사람 기도 제목을 구체적으로 사랑을 쏟아부으면서 진정 응답 받기까지 기도하는 것이란 말씀이지요?
- 그렇지. 바이블 코이노니아 모임에선 인원이 세 명밖에 안 되므로 한 사람 나누고 그를 위해 기도하고, 또 한 사람 나누고 그를 위해 기도하고, 또 한 사람 나누고 기도하여 사랑을 쏟아붓는 중보기도, 곧 형제의 짐을 함께 지고 하나님께 부르짖는 기도를 세 차례 하는 것이라네. 그래서 **나눔(Sharing)은 감사 나눔, 기도 제목 나눔, 짐을 나누어 짐(사랑의 중보기도)이라는 세 요소로 이루어지는 것**이라네.
- 그다음 IP는 무엇이지요?
- 'IP'는 'Intercessory Prayer'의 약자로 본격적인 중보기도를 말하지.
- Sharing(나눔) 부분에서 서로를 위한 사랑의 중보기도를 하지 않았나요? 그런데 여기 중보기도 항목이 또 있어요?
- 앞에서의 기도는 우리 지체의 짐을 지고 가는 행위로서의 중보기도로 우리끼리의 사랑이었어. 그리고 이제 우리의 사랑은 밖으로 나가야 한다네. 사명의 세계로 나아가야 해. 따라서 여기서의 중보기도는 영적 사역으로서의 중보기도야. 한마디로 영혼 구원을 위한 중보기도인 거지.
- 우리들끼리만의 기도가 아니라 밖으로, 누군가를 위한 중보기도로 나간다고요? 녹화록에 나오는 '영혼 구원을 위한 중보기도'가 바로 그거로군요?

─ 그래. 이번 모임에서 세 사람은 각각 전도 대상자 즉 태신자를 두 사람씩 정해서 모였고 그 영혼들을 구원하기 위하여 기도하지 않았나? 이제 그들은 영혼을 구원으로 이끌어 내기 위한 영적 사역으로서의 중보기도를 하는 것이야. 영혼 구원을 위한 중보기도의 원리는 이미 이야기했으니, 이제는 어떻게 모임을 운영해 가는지 알 수 있겠지?

─ 메모지에 요약하여 적어 보았는데요. 이렇게 틀이 만들어지는군요?

바이블 코이노니아 모임 틀
Wor-sh-ip
개회기도
찬송
Wor – Word / 말씀, 성경 읽기 나눔
Sh – Sharing / 감사
        기도 제목
        사랑의 중보기도
Ip – Intercessory Prayer / 영혼 구원을 위한 중보기도
마무리 기도

─ 잘 정리했군. 훌륭해.

왜 멀티플리케이션인가?

- 선배님, 이제 'Wor-sh-ip' 틀을 가지고 매주 한 번 만나고 나누고 기도하는 바이블 코이노니아 모임으로 모이면서 제자훈련과 코이노니아 경험을 추구하면 되겠군요. 그러면 전도와 증식은 언제 어떻게 진행하지요?
- 언제라는 기간이나 타이밍은 정해진 것이 없다고 봐. 대략 1년 단위로 증식한다고 생각하면 제일 무난할 것이고, 6개월쯤부터는 기회를 보면서 리더는 주님께 여쭈어 기도하며 준비하기 시작해야 하지.
- 그렇게나 빨리요? 그간에 무슨 크게 성장하는 경험이 이루어질까요?
- 지나치게 조숙시키려는 것도 문제이긴 하지만 지나치게 여러 단계 성장해야만 리더가 될 수 있다는 고정관념도 문제야. 나는 영적인 성장에 있어서는 지체 없이 사명의 세계로 나아가게 하며 낳고 기르는 과정으로 들어가는 것이 좋다고 보거든. 특히 젊은이들은 타오르는 생생한 에너지의 불꽃이 사그라지기 전에 생생한

간증을 가지고 전도하고 새롭게 타는 에너지로 생육하게 도와주는 것이 좋다고 생각해.
- 과감한 전도와 양육의 과정으로 나아가게 격려해야 하는군요? 과연 어떤 과정으로 나아가야 하나요?
- 여기 가장 빠른 예이기는 하지만, 한 그룹의 ○○주차 모임을 보도록 할까?

○○주차 모임_새로운 탄생을 위한 준비

기도, 찬송, 말씀 나누기

- 날씨가 얼마나 더운지 올해는 폭염이 유난히 일찍부터 와서 더위가 길게 느껴지네요, 김 집사님 잘 지내셨지요?
- 덥기는 하지만 잘 지냈어. 너무 더워서 성경 읽기도 힘들었지?
- 아침저녁으로 읽고 은혜 받았습니다.
- 자, 그럼 기도하고 찬송하고 나누기로 할까?

📖 기도와 찬송

- 디모데전·후서와 디도서, 빌레몬서는 바울 사도가 개인들에게 써 보낸 편지인 것 같았어요.
- 맞아, 일차적인 수신자가 개인으로 되어 있어.
- 그래서 저는 다른 사람이 아닌 바로 나 개인에게 뭐라고 하는지 들어보려는 마음을 더하여 말씀에 몰입해 보려고 하였습니다.

- 그래? 그럼 오늘은 현철 형제부터 나누어보지.
- 그렇다고 더 많이 깨달은 것은 아닌데, 굉장히 도전이 되는 말씀으로 다가왔어요.
- 기대가 되는군.
- 디모데전서 2장 4절 말씀을 읽는데 하나님 아버지의 마음이 내 마음에 느껴지면서 사명으로 다가왔습니다. 하나님께서는 모든 사람이 구원받기를 원하시고 진리 가운데 이르기를 원하신다는 것입니다.

    딤전 2:4 하나님은 모든 사람이 구원을 받으며 진리를 아는 데에 이르기를 원하시느니라

- 어, 형, 나도 그 말씀에 부딪쳤는데! 집사님, 우리가 영혼 구원을 위하여 기도하고 있는데 기도만 할 게 아니고 뭔가 행동으로도 전도해야 하지 않을까요?
- 해야지. 자네들 마음에 그런 마음을 주신 것이라면 때가 된 것이겠지, 이제 전도하라고 말이야.
- 집사님, 그런데 어떻게 전도하지요?
- 복음을 체계 있게 설명하면서 전도하면 이상적이긴 하지만 복음 제시를 논리적으로 잘 설명할 수 없더라도 전도는 할 수 있어.
- 어떻게 하여야 하는데요?
- 쉽게 접근하자고. 우선 상복 형제는 찬봉이와 완규를 위하여 기도해 왔지? 찬봉이와 완규를 만나서 상복 형제가 예수 믿고 얼마나 삶이 복된가를 간증하면서 함께 예수 믿지 않겠느냐고 권해

봐. 현철 형제는 희정이와 춘택이에게 그렇게 하고.
- 복음에 대하여, 예수 믿는 진리에 대하여 다 설명은 못하더라도 내가 믿는 예수님의 사랑과 은혜와 축복을 경험한 대로 간증하면서 데리고 오면 된다는 말씀이지요?
- 그렇지. 그리고 교회 가자고 말하는 것이 부담스럽다면 더 좋은 방법이 있어.
- 더 좋은 방법이라고요? 그게 무엇인데요?
- 자네들이 바이블 코이노니아 모임을 통하여 경험하는 축복을 이야기해 주면서 "나하고 성경 읽기 모임 하지 않을래?" 하고 권하여 반응하는 대로, 두 사람과 함께 우리가 하는 것처럼 바이블 코이노니아 모임을 하는 거야.
- 믿는다고 하든지 말든지 상관없이 바이블 코이노니아 모임을 시작해요?
- 예수를 함께 믿어 보자고 권하여 부정적이지 않으면 바로 바이블 코이노니아 모임을 시작하는 거야. 성경 읽다가 예수님 만나는 체험을 할 수도 있고, 바이블 코이노니아 모임을 하다가 교회로 이끌려 나올 수도 있으니까, 하나님께서 각자에게 임하시고 만나 주실 것을 믿고 과감하게 나아가자는 것이지.
- 우리가 바이블 코이노니아 모임을 인도하라고요?
- 그래. 지금까지 3개월 동안 우리 셋이 경험한 대로 하면 돼. 본 대로 배운 대로 인도하는 거야. 그러면 자네들은 이제부터 소그룹 인도자로 세워지는 것이고, 새 생명을 낳고 기르는 자가 되는 것이고, 또 제자 삼는 자가 되는 것이지.
- 바이블 코이노니아 모임을 새 친구들과 갖는다면 성경은 어디서

부터 읽어요?
- 어디서부터 읽든 상관없어. 우리가 읽을 차례인 히브리서부터 읽어도 되고, 아예 마태복음부터 시작해도 좋고. 다만 우리가 읽어 나가던 대로 읽는다면 요한계시록까지 읽은 다음에 구약으로 넘어가지는 말고 다시 신약 마태복음으로 가서 읽는 게 좋지.
- 그렇게 되면 우리가 인도자가 되어 다시 신약을 읽어야 하니까 구약은 읽을 기회가 없겠군요?
- 아마 그럴 거야. 구약은 개인적으로 읽어 나가라고.
- 구약까지 다 읽은 다음에 전도하고 바이블 코이노니아 모임을 새로 시작할 것을 그랬나 봐요?
- 보통은 신구약성경을 다 읽을 때쯤 새 모임이 이어지는데 우리의 경우는 좀 빠르게 성령께서 감동하시니, 일부러 늦출 필요는 없어.
- 집사님, 그렇다면 우리가 너무 빨리 아이를 낳는 경우가 아닐까요?
- '너무 빨리'라는 것은 없어. 성령님이 감동하실 때는 그만한 은혜와 능력을 주실 것이니까 믿음으로 시작하라고. 할 수 있겠지, 현철 형제?
- 네, 한번 해 보겠습니다.
- 저도 할 수 있을 것 같고 시도하겠습니다.
- 원더풀, 우리 모두 한 단계 성장한 예수님의 제자가 되는 것이야. 상복 형제는 이번 주에 성경 읽으며 무슨 도전을 받았나?
- 디모데후서 2장 20-21절에 그릇 이야기가 나오는데요, 나도 깨끗한 그릇으로 준비되어 어떤 형태로든 하나님나라를 위하여 쓰임 받는 인생이 되어야 하겠구나, 깨닫고 기도하게 되었습니다.

딤후 2:20-21 ²⁰큰 집에는 금그릇과 은그릇뿐 아니라 나무그릇과 질그릇도 있어 귀하게 쓰는 것도 있고 천하게 쓰는 것도 있나니 ²¹그러므로 누구든지 이런 것에서 자기를 깨끗하게 하면 귀히 쓰는 그릇이 되어 거룩하고 주인의 쓰심에 합당하며 모든 선한 일에 준비함이 되리라

- 참 희한하구나. 우리 하나님께서 때가 되었다는 신호를 주신 것 같네. 전도해야겠다는 사명을 깨닫게 하시고 하나님 앞에 쓰임 받는 인생에 대한 열망을 주시다니, 놀라운 일이야.
- 집사님은 무슨 말씀을 받으셨는데요?
- 흐름이 같아. 하나님께서 우리 세 사람에게 동일한 방향에서 말씀하시는 것 같아. 나는 디모데후서 2장 1-2절 말씀이 가장 강력하게 다가왔거든.

딤후 2:1-2 ¹내 아들아 그러므로 너는 그리스도 예수 안에 있는 은혜 가운데서 강하고 ²또 내가 많은 증인 앞에서 내게 들은 바를 충성된 사람들에게 부탁하라 그들이 또 다른 사람들을 가르칠 수 있으리라

이 말씀에서 바울 사도가 디모데에게 말하기를, 자기가 전해 준 복음과 진리를 충성된 사람들에게 부탁하라고 하거든. 그리고 그 사람들이 또 다른 사람을 가르칠 수 있으리라고 말씀해. 그런데 이 말씀을 읽을 때 마치 내게 하시는 말씀처럼 느껴지면서 놀라운 비전이 생기는 거야.
- 무슨 놀라운 비전인데요?
- 여기 보면 3대의 비전이 있어. 디모데가 충성된 사람을 가르치면

충성된 사람이 또 다른 사람을 가르치는 것이지. 이게 3대 비전이 아니겠어? 우리 목사님이 우리 보고 3대 비전을 가지라고 강조하신 적이 있는데, 그때는 무슨 말인지 잘 이해가 안 되다가 이번에 이 말씀을 읽으면서 이해되고 내 가슴이 설레더라고. 디모데-충성된 사람-다른 사람, 이렇게 3대로 내려가면서 이어지지 않나? 나로 말하면 상복이와 현철이는 2대가 되고, 상복이와 현철이가 찬봉이와 완규, 희정이와 춘택이와 함께 성경 읽기와 코이노니아를 한다면 나에게는 3대가 되는 것이지. 자네들이 바이블 코이노니아 셀을 개척하면 내게는 3대가 완성되는 셈이고, 자네들은 2대 자녀를 양육하는 셈이 되지. 그리고 찬봉이와 완규나 희정이와 춘택이가 다시 바이블 코이노니아 셀을 시작하게 되면 자네들도 3대를 보는 것이야. 이렇게 3대만 끊기지 않게 계속 훈련되고 재생산하면 계속 영적 인구가 늘어나게 돼. 그래서 모든 신자가 3대 비전을 품고 헌신하고 이루면 엄청난 교회 성장과 복음 전파가 이루어지지 않겠어?

- 아, 그게 그렇게 되는 것이에요? 저도 이제 이해가 됩니다. 그래서 3대 비전, 3대 비전 하는군요? 저는 무슨 세 가지 큰 비전이 있나 했더니 그런 의미였군요.
- 그래서 나도 준혁이와 윤복이 데리고 다시 바이블 코이노니아 셀을 시작해야 하겠어.
- 집사님, 우리 모두 시작하는 거예요?
- 그러자고. 성령님께서 분명히 도우시고 역사하실 거야. 우리 힘으로 이루는 것이 아니라 우리는 헌신하고 하나님의 성령께서 친히 역사하시고 도와주실 것이니 용기를 내서 재생산의 길로 가자고.

자 그럼 우리 하나님 앞에 쓰임 받고자 하는 마음, 전도하고 싶은 마음, 영적으로 재생산하고 싶은 열망을 주신 하나님께 감사드리면서, 하나님의 성령님께서 함께하시어 전도와 셀 개척이 이루어지도록 도와 달라고 기도하자고. 통성으로 기도한 다음에 현철 형제가 마무리 대표기도 하게.

📖 통성기도 후 대표기도

하나님 아버지, 저희들에게 하나님의 말씀을 깨닫는 지혜를 주신 것을 감사합니다. 특별히 이번에는 우리 세 사람 모두에게 전도하고 싶은 마음, 주님께 쓰임 받고 싶은 열망을 주시고, 재생산하고 제자 삼는 자로 이끄시니 감사합니다. 친구들에게 전도하고 바이블 코이노니아 모임을 시작하려고 하는데 주님의 성령께서 함께하셔서 형통하게 하옵소서. 예수님의 이름으로 기도합니다. 아멘.

기도 제목 나누기

- 자, 그러면 이제 지난 일주일 동안 어떻게 살았는지 감사 제목과 기도 제목을 나누고 기도하기로 할까? 상복 형제가 먼저 나누지.
- 지난 일주일 동안 하나님 앞에 쓰임 받고 싶은 열망이 일어난 것이 가장 감사하고요, 두 번째는 방학 동안 편의점에서 아르바이트 자리를 얻었다는 것입니다. 기도 제목은 찬봉이와 완규에게 전도할 때 또는 바이블 코이노니아 모임을 하자고 할 때 성령께서 역사해 주시고 부드럽게 시작될 수 있도록 도와달라는 것이에요.

- 요즘은 아르바이트 자리도 얻기 힘들다는데 방학 중에 아르바이트로 학비에 보탬이 되게 되었다니 참 감사하군. 물론 새로운 바이블 코이노니아 셀을 시작하는 것도 가슴 뛰는 도전이고. 함께 하나님께 기도드리기로 하지.

📖 상복이를 위한 사랑의 중보기도

하나님 아버지, 상복 형제에게 은혜 주셔서 어려운 중에도 아르바이트를 해서 학비를 보낼 수 있는 길을 주셔서 감사합니다. 또한 전도하고 싶은 열망을 주신 하나님, 감사합니다. 지금까지 위하여 기도해 온 찬봉 형제와 완규 형제에게 전도하고 성경 읽기 모임을 권할 때 성령께서 함께하시고 역사하여 주옵소서. 그리하여 감격적인 전도가 이루어지게 하시고 하나님 영광 받으시옵소서. 예수님의 이름으로 기도합니다. 아멘.

- 저도 전도하고자 하는 열망을 주신 하나님께 감사하고, 하나님께서 우리 공동체의 기도를 응답하고 치료해 주셔서 제가 간질에서 완전히 해방된 것에 감사합니다. 우리가 기도를 시작한 이후 한 번도 그런 발작 증세가 없었고, 하나님께서 고쳐 주셨다는 확신만 있습니다. 기도 제목은, 제가 비록 직장 생활하는 샐러리맨이지만 어떤 형태로든 하나님 앞에 쓰임 받으며 동료와 이웃들에게 선한 영향을 끼치고 복이 되는 인생을 살 수 있게 해달라는 것입니다. 이것을 위해 기도해 주세요.
- 다 같이 현철 형제를 위하여 통성기도 하고, 이번에는 내가 대표

기도 하지.

📖 현철이를 위한 사랑의 중보기도

하나님 아버지, 현철 형제에게 은혜 주셔서 무엇보다도 현철 형제의 간질을 완전히 치료해 주신 것을 감사합니다. 또한 현철 형제의 삶이 하나님 앞에 어떤 형태로든 쓰임 받기를 열망하는 마음 주신 것을 감사합니다. 기도해 온 친구에게 전도를 시도하고 성경 읽기 모임을 시작할 때에 성령으로 함께해 주시고 열매 맺게 도와주시옵소서. 예수님의 이름으로 기도합니다. 아멘.

― 나도 역시 재생산의 비전이 생기고 확신이 오며 새 모임을 시작하게 됨을 감사하고, 대출한 주택 자금을 분할 상환하고 있는데 지금까지 잘 감당하고 있음을 감사해. 그리고 새로 시작하는 셀이 잘 되고 영혼들이 주님을 만나는 축복이 있기를 위해 기도해 주고, 계속 대출금 상환 능력을 주시도록 기도해 주면 감사하겠어. 자, 통성으로 기도한 후 이번에는 상복 형제가 대표기도를 하지.

📖 김 집사를 위한 사랑의 중보기도

하나님 아버지, 우리 김 집사님에게 은혜 주시고 복 주신 것을 감사합니다. 대출받은 주택 자금을 조금씩이나마 잘 상환해 가고 있음을 감사합니다. 대출금을 다 갚기까지 넉넉히 갚아 나갈 수 있도록 복을 주시옵소서. 그리고 친구들을 전도하려 할 때 성령님께서 함께해 주셔서 열매 맺게 하여 주옵소서. 예수님의 이름으로 기도합니다. 아멘.

- 이제 영혼 구원을 위한 중보기도를 드리기로 하지. 특히 이제는 전도하고 새로운 바이블 코이노니아 모임을 시작하기로 했으니, 저들의 마음이 준비되어서 예수님을 영접하고 성경 읽기를 시작할 수 있는 옥토가 되어 있기를 축복하면서 기도하기로 하자고.

📖 영혼 구원을 위한 중보기도

- 자, 다음 주에는 히브리서와 야고보서를 읽고 오기로 하는 거야. 그러면 다시 만나기까지 놀라운 주님의 은혜의 역사를 기대하며, 승리의 보고를 가지고 다음 주에 만나기로 하지.

📖 (대표기도 하고 마치다.)

1) 왜 재생산/ 증식(Multiplication)인가?

- 선배님, 여기 나오는 상복이나 현철이도 오랜 신자는 아니고 아직 어린 신자들 같은데, 바로 전도하라고 하고 나아가 셀을 개척하고 리더가 되라는 것이 가능한 일이고 또 잘 하는 일일까요?
- 왜, 미숙해서 못하거나 잘못될 것 같은가?
- 지금까지 우리는 몇 단계 훈련을 거쳐야 지도자가 될 수 있다고

생각해 왔거든요.
- 이보게, 임 목사. 그 고정관념을 오늘 깨 버리게. 전에도 한번 이야기했지만 묵은 신자보다 새신자에게 가능성이 더 크다네.
- 정말 그럴까요?

새신자가 더 전도를 잘한다
- 어허, 정 목사도 고정관념에서 자유롭지 못한 모양이군. 새신자가 가능성이 많다는 것은, 첫째로 묵은 신자보다 전도 대상자를 주변 친구나 지인으로 많이 가지고 있다는 점일세.
- 주변 친구 중에 안 믿는 사람, 그래서 전도 대상자가 많다는 것은 사실이겠지요?
- 그래서 묵은 신자보다 새신자가 훨씬 전도를 더 잘 한다네. 그리고 둘째로 새신자는 가르치는 대로 하는 보석의 원석과 같은 존재야. 그래서 가르치는 대로 돼. 전도해야 한다면 전도하고, 셀을 개척해야 한다고 가르치면 셀을 개척하고, 재생산해야 한다고 가르치면 재생산하게 되고, 리더가 되어야 한다고 가르치면 리더가 되려고 노력한다네.
- 그것도 맞는 것 같네요. 묵은 신자들은 전도 안 하면서도 교회 생활을 해왔고, 셀을 개척하거나 재생산 안 하고도 살아온 굳은 패턴이 있어 안 하거나 못하는 경우도 많지요.
- 그렇다네. 우리가 이야기하는 시스템과 동일하지는 않지만, 전도하고 바로 그 새신자를 전도자로, 양육자로 세워 나가는 시스템으로 엄청난 열매를 본 전도와 훈련 시스템 중 하나인 《T4T(Training for Trainer)》라는 책의 저자인 잉 카이 목사를 만난 적이 있는데, 그

분의 전도 시스템은 전도되자마자 전도자로 훈련하는 시스템이라네.
- 아, 그 《T4T》 책은 저도 읽어 보았어요. 'Training for Trainee'(훈련생 훈련하기)가 아니고 'Training for Trainer'(훈련자 훈련하기)라는 말 속에 그 시스템의 성격이 있지요.
- 맞아. 잉 카이 목사님은 대만 출신 중국 선교사로 중국에서 그렇게 사역했다는 것이야. 우선 예수 믿는 간증을 하고 상대에게 예수 믿으라고 권하여 믿겠다고 하면 다음 주에 또 만나서 예수 믿는 진리를 공부하기로 약속하면서, 그동안 누군가 다른 사람에게 같은 형식으로 간증하고 예수 믿도록 권하는 일을 하고 만나자고 한다지?
- 네, 그렇게 만나서는 본격적인 복음 제시(설명)를 하고 그가 전도한 사람에게도 이 복음 제시를 그대로 전하라고 한다지요?
- 그렇지. 다음에 기도하는 법을 가르치고는 그도 가서 그가 전도한 새신자에게 그것을 가르치게 하고, 그렇게 대를 이어 나가게 함으로써 전도되면 즉시 전도자가 되고 양육자도 되고 훈련자도 되게 하는 방식으로 전도하여 중국에서 10만 명 이상 전도하였다는 이야기야.
- 그러니 기다리지 말고 새신자가 전도하고 셀 개척하고 제자 삼는 자가 되고 리더가 되도록 하자, 그 말씀이지요?
- 그렇지. 잉 카이 목사님과 홍콩에서 만나 점심을 함께 하면서 물어 본 적이 있는데, 그렇게 전도되자마자 전도자가 되고 그가 전도한 사람을 똑같이 훈련하게 하였을 때 어느 정도 열매를 맺고 어느 정도가 그렇게 해내는가를 물었어.

- 어느 정도라 하던가요?
- 자기가 직접 훈련한 2대에서는 약 40퍼센트가 그렇게 하더라는 것이야. 대수가 내려가는 것까지 다 알 수도 기록할 수도 없지만, 조금 약화되는 것 같다고 했어.
- 40퍼센트만 해도 대단한 거죠!
- 그렇지. 전도되자마자 전도자가 되게 하고, 양육하면서 양육 받는 동시에 양육자가 되게 하고, 훈련 받으면서 훈련자가 되게 하는 경우에도 그렇거든. 우리는 반년 내지 1년씩 경험하면서 재생산하는 것이니 불가능하다는 부정적 생각은 애당초 치워 버리게.
- 새신자가 전도도 잘 하고 가르치는 대로, 훈련하는 대로 되고, 가능성과 역동성이 훨씬 크다는 말씀이지요?
- 그렇지. 그러므로 새신자의 역동성을 살리는 시스템으로 가야 한다는 말일세. 만일 새신자의 가능성이 적다고 하더라도 새신자를 리더로 세워 가는 시스템으로 가야만 하거든. 그런데 다행히도 새신자의 가능성이 더 크고 새신자의 역동성이 훨씬 긍정적이니 걱정할 필요는 없지만, 나는 만일 새신자의 가능성이 적어도 새신자 때부터 리더로 키우는 시스템으로 가야 한다고 믿는 사람이라네.
- 왜 그런 신념을 갖게 되셨는데요? 그래야 할 성경적 이유라도 있나요?

재생산, 증식 시스템은 사명이다.
- 물론이지. 이봐, 임 목사 그리고 정 목사. 내 질문 하나 하겠네.
- 무슨 질문인데요? 선배님.

- 우리가 소중하게 여기는 예수님의 지상명령은 누구에게 내리신 명령이라고 생각하나?
- 제자들에게 내리신 명령이지요. 그리스도인이라면 누구라도 순종하고 이루어야 하는 명령 아닌가요?
- 목사에게 내리신 명령이 아니고 평신도를 포함한 모든 그리스도인들이 받고 순종하고 이루어야 할 사명으로 생각한다 그 말이지?
- 네, 그야 당연한 말 아니에요?
- 그래, 정 목사가 제대로 이해한 것 같군. 그런데 문제는 오늘날 우리들의 교회와 목회 시스템에서 모든 신자를 제자 삼는 자로 훈련하거나 세우는 시스템이 거의 없다는 것이 문제야. 말과 실제가 다르다는 것이지.
- 무슨 말씀이신가요?
- 우리가 다루려는 것이 아주 작은 소그룹이니까 소그룹 중심으로 예를 들어 이야기해 볼까?
- 네, 실례를 들어 말씀해 주세요.
- 먼저 우리가 사용해 온 구역 시스템을 보자고. 여기에 모든 신자를 리더로, 제자 삼는 자로 훈련해 내는 시스템은 없어.
- 그게 무슨 말씀이세요? 결국 구역장을 리더로 성장시켜 가는 것 아니에요?
- 여러 사람 중에 한두 사람, 엘리트 소수는 구역장으로 훈련되어 가지만, 모든 성도가 리더로, 제자 삼는 자로 훈련되는 것은 아니지 않나? 5명을 기준으로 구역이 만들어진다고 가정하고, 지금 10개의 구역이 있다고 해 보자고. 그 상태에서 1년이 지나면 대략

몇 개의 구역이 되던가?
- 요즘은 구역 숫자를 늘리지도 못해요. 한창 부흥하던 시절에는 50퍼센트 정도 성장하여 15개로 늘어나던 시절도 있었지요.
- 그래, 그럼 계산해 보자고. 10개 구역이면 구역장을 뺀 구역원의 수는 40명이지? 5개 구역이 늘어나면 리더가 5명이 발탁되고 세워지겠지. 그러면 35명은 언제 리더로 크나?
- 다음 해에 리더가 되는 사람이 나오겠지요?
- 맞아. 몇 명은 리더로 성장하겠지만 언제든지 그 비율의 사람들은 리더로, 재생산자로 훈련될 기회는 없는 경우가 대부분이지. 다음 해에는 20개 구역으로 커진다 해도 15개 그룹에서 일반 멤버는 60명이었는데 그중에 5명만 리더로 큰다고. 나머지 55명은 여전히 멤버일 뿐이야.
- 언젠가는 리더로 크고 훈련될 것 아닙니까?
- 일부는 그러겠지. 그러나 시스템 자체가 전원 재생산자로, 전원 리더로 키우는 시스템이 못 되고 몇 사람, 조금 능력이 뛰어나다고 생각되는 사람만 키워내게 되지. 그래서 이런 시스템은 관리 시스템으로는 문제없지만 모든 민족을 제자 삼으라는 명령을 수행하는 데는 너무도 못 미치는 시스템이지. 그리고 이는 비즈니스 세계처럼 엘리트주의로 가는 것이야. 아직도 문제점이 안 보이나?
- 그럼 최근에 교회 부흥에 막대한 공헌을 하게 된 셀 교회 시스템은 어떤가요?
- 일반 구역 시스템보다는 조금 낫지만 마찬가지로 엘리트주의로 가는 것이야.
- 셀 교회 시스템도 여전히 엘리트주의의 한계가 있다는 말씀이

지요?
- 셀 교회 시스템을 살펴보자고. 셀 교회 시스템은 대체로 셀을 키워서 세포 분열 형태로 셀을 2개로 나누는 것인데, 이때 리더는 한 사람 양육되어 분리하는 셀을 맡게 되지 않나? 셀 멤버가 5명이었는데 10명이 되어 두 셀로 나눈다고 하면 아마도 그 10명 중 5명 시절부터 함께한 한 멤버가 리더로 준비되고 새 셀 리더가 될 것 아닌가? 그리 되면 적어도 10명 중 한 명만 리더가 되고 9명은 여전히 멤버로만 살아간다고.
- 언젠가 성장하고 능력이 갖춰지면 리더가 될 것 아닙니까?
- 정 목사, 아직도 이해가 안 되는 모양이군. 여전히 1/10만 리더로 크고 9/10는 남는다, 그 말이야. 또 엘리트주의로 가는 것이고. 전 성도 재생산자, 전 성도 제자 삼는 자, 전 성도 목양자, 전 성도 리더의 길이 아니란 말일세.
- 저는 그게 맞는 것 같은데 선배님은 그게 왜 문제라고 생각하는지 모르겠습니다.
- 허허, 아직도? 이봐, 정 목사. 모든 민족을 제자 삼으라는 주님의 지상 명령은 전 성도, 모든 그리스도인이 수행해야 하는 사명이라고 하지 않았나?
- 네, 그거야 물론이지요.
- 그렇다면 모든 성도가 재생산자가 되고 리더가 되고 제자 삼는 자가 될 수 있는 시스템으로 가야 하지 않겠나?
- 네, 그렇지요.
- 그러려면 처음부터 모든 성도가 전도하고 양육하고 제자 삼는 시스템으로 가야 한다는 말이지.

- 그게 가능한가요?
- 여기 보이지 않나? 한 리더가 2명을 데리고 성경 읽기 하면서 코이노니아를 체험하며 성장하는 중에, 세 사람 모두가 각각 전도하여 각각 그들과 셀을 개척하여 리더가 되는 시스템이야.
- 아하, 그러면 몇 명을 맡아서 관리하는 시스템이 아니라, 자신이 전도하고 자신이 셀을 인도하면서 재생산하고 리더가 되고 제자 삼는 자로 성장하는 시스템으로 가야 한다는 말씀이군요?
- 이제 보이나? 전 신자 리더화의 시스템으로 가야 하며, 전 신자가 재생산자가 되도록 훈련하는 시스템으로 가야 한다는 것이야.
- 아하, 이제야 이해가 됩니다. 우리 교회 지도자들은 모든 성도가 재생산자가 되고 제자 삼는 자가 되고 리더가 되도록 하는 시스템으로 목회를 해서 주님의 지상 명령을 수행해 가는 전략을 실행해야 하는 것이군요.
- 그렇지. 그래서 나는 이것을 성경적인 원리로 이야기할 때 생육하고 번성하는 원리를 시스템화하는 것이라고 말한다네.
- 생육하고 번성하는 원리라고요?

생육하고 번성하라

- 응, 낳고 기르는 원리야. 내가 카메라 가지고 사진 찍는 취미가 있는데, 지난 해부터는 새끼를 기르는 새를 찍는 데 재미를 붙였거든. 그러다 '뿔논병아리'라는 물에 사는 새가 해마다 2~3마리의 새끼를 기르고, 그 새끼가 다음 해에는 또 와서 새끼를 낳고 기르는 모습을 발견했지. 꾀꼬리도 마찬가지야. 꾀꼬리도 두세 마리의 새끼를 기르고, 다음 해에는 그 새끼들이 자라서 또 새끼를 낳고

기른다 말이야. 그러면서 '낳고 기르는 시스템으로 가면 모든 신
자가 제자 삼는 자, 재생산자, 리더가 되게 하겠구나' 하고 확신하
게 되었지.
- 구역이나 셀을 맡겨 리더가 되는 것이 아니라 자기가 전도하고 전
도된 새신자와 셀을 만들어 양육하므로 영적 부모 역할을 하는
리더가 되고 재생산자가 되고 제자 삼는 자가 된다, 그 말이지요?
- 그렇지. 바로 그러한 원리, 즉 증식의 원리를 시스템으로 만들어
가자는 말이지. 자네들, 성경에서 하나님이 인류에게 최초로 내린
축복의 말씀이 무엇인지 아나?
- 글쎄요?
- 최초의 축복이 생육하고 번성하라는 축복이었다네.

> **창 1:28** 하나님이 그들에게 복을 주시며 하나님이 그들에게 이르시
> 되 생육하고 번성하여 땅에 충만하라, 땅을 정복하라, 바다의 물고기
> 와 하늘의 새와 땅에 움직이는 모든 생물을 다스리라 하시니라

- 그렇기는 한데요, 그 당시 지구상에 아담과 하와 오직 한 쌍만 있
을 때니 생육하고 번성하여 땅에 충만하게 되는 것이 축복이겠
지요. 그 말씀이 인구가 팽창하여 충만한 오늘날에도 축복이 될
까요?
- 오늘날에도 축복이지. 특히 우리나라는 지금 인구 절벽이 심각한
나라가 되었어. 이러다가는 늙은이만 남고 젊은이는 없는 나라가
되어 그냥 망할 수도 있는, 심각한 사회문제야. 그래서 오늘날에
도 생육하고 번성하는 축복이 필요해. 육신적인 인구 증가도 필

요하지만, 영적으로도 이러한 기하급수적 증식이 왜 안 되는 것일까 하는 문제의식을 가져야 하지 않겠나?

- 아, 그래서 지금 토론 중에 있는 BK3, 3대 비전 시스템은 낳고 기르고 번성하는 원리를 시스템으로 만들자는 것이군요?

- 그렇지. 소그룹을 맡겨서 리더가 되는 것이 아니라 전도하고 셀을 개척해서 키워 가는 리더로 성장시키는 시스템이지. 이렇게 되면 모든 성도가 다 재생산자가 되고 제자 삼는 자가 되고 리더가 될 수 있어.

- 아, 이제 이해가 됩니다. 한 번도 보지 못하고 경험하지 못해서 이해가 잘 안 되었는데, 낳고 기르고 번성하는 증식의 원리가 성경적 교회 성장의 원리라는 점이 이해가 되고 꼭 그렇게 해야 하는 사명이라고 생각됩니다.

- 정 목사도 이제는 이해가 되는 모양이군. 임 목사도 이해되는가?

- 네, 이해됩니다. 그래서 한편에서는 무거운 부담감이 들고 한편에서는 가슴 설레는 기대감이 있습니다.

- 부담감은 뭐고, 기대감은 무엇인가?

- 한 번도 경험하지 못했고 보지도 못했던 낳고 기르는 시스템을 과연 내가 해낼 수 있을까 하는 부담감이 들고요, 한편으로는 이 시스템으로 간다면 진짜 교회가 엄청나게 성장하고 세계 복음화에 가장 효과적일 것이라는 기대감이 함께 듭니다.

- 좋아. 부담도 있고 기대도 있다, 그렇다면 할 만한 게 아닌가? 도전들 하게.

- 선배님, 그런데 아무래도 새신자가 6개월도 안 되어 낳고 기르고 리더로서의 역할을 과연 해낼까요? 뿔논병아리나 꾀꼬리도 1년에

한 차례씩 낳고 기르지 않아요? 우리의 시스템도 1년마다 증식하는 것으로 가면 안 될까요?
- 영적 재생산 능력에는 어떤 정해진 주기가 없다고 생각하네. 사람에 따라 여러 해 걸쳐 성장하면서 재생산하는 경우도 있을 것이고, 영적으로 태어난 지 얼마 되지 않았으면서 바로 전도하고 양육하고 재생산하는 경우도 있어. 그래서 일률적으로 재생산 주기를 정하는 것은 말이 안 된다고 생각해. 하지만 대략 6개월에서 1년 사이에 재생산한다고 보고, 그렇게 진행하며 격려하는 것은 가능할 것이라고 생각되는군. 그럼 평균 1년마다 재생산한다고 가정해도 이 배가 방식의 성장이 얼마나 대단한 능력을 발휘될지 생각해 보게.
- 배가 방식의 재생산 시스템이라고요? 처음에는 미미해 보이지만 갈수록 감당 안 되는 폭발적 성장일 것 같은데요. 해마다 3배수로 늘어나는 성장이지 않아요?
- 그렇지. 내가 한번 계산해 보았는데, 처음에는 우습게 보이지만 10년만 계속되어도 엄청난 성장이더라고.

1년차	2년차	3년차	4년차	5년차	6년차	7년차	8년차	9년차	10년차
3	9	27	81	243	729	2,187	6,561	19,683	59,049

- 이게 무엇입니까? 2명에게 집중하여 사랑을 나누고 훈련하여 다음 해에는 셋이 다 2명씩 낳고 기르고 재생산하게 되고 다음 해에도 그렇게 이어 나가면, 10년 만에 5만 명이 넘네요?
- 임 목사, 앞으로 10개년 계획으로 낳고 기르는 재생산 시스템을

활용하여 사역을 해보지 않겠나? 이 계산처럼 나오지는 않을지도 모르지만 엄청난 폭발력으로 복음화가 진행된다는 것은 분명할 걸세.
- 우와, 10년이면 5만 명이 넘고, 20년이면 계산하기 힘들 정도가 되겠군요?
- 그러니 가슴 뛰는 비전이 아니겠나? 다만 미리 말해 두지만, 이렇게 늘어나는 영적 인구를 다 내 교회에 붙들어 두려고 하는 욕심으로는 감당이 안 될 거야. 세계로 뻗어 나가는 비전으로 시작해야 할 걸세.
- 꼭 우리 교회, 내 교회에 다 가두어 놓으려 할 필요가 없겠지요. 폭발적으로 성장하는데, 특히 건물 중심의 목회를 하면 이 성장 속도를 다 감당할 건물이 없겠는데요.
- 그렇지. 세계를 품고 목회하는 사역자들이 되어야 한다네. 자, 이번에는 김 집사의 소그룹의 다음 모임을 들여다보기로 하지.

○○주차 모임_새로운 탄생

기도, 찬송으로 예배 후 말씀 나누기
- 지난 주간 히브리서와 야고보서를 읽었는데 무슨 깨달음을 얻었는지 나누어 볼까?
- 저는 히브리서를 읽으면서 무엇보다도 우리의 연약함을 함께 공감하고 도우시는 예수님을 묵상하였고, 큰 은혜와 위로를 느꼈습니다.

- 우리의 연약함을 공감해 주시는 예수님이라, 어떤 말씀에서 그걸 깨달았는데?
- 히브리서 2장 18절에 보면 이런 말씀이 있지요.

> **히 2:18** 그가 시험을 받아 고난을 당하셨은즉 시험 받는 자들을 능히 도우실 수 있느니라

예수님께서도 인간이 당하는 여러 가지 시험과 고난을 당하셨으므로 우리 연약한 인간들이 당하는 시험과 고난을 능히 돕는 분이 되신다고 하는데, 그 앞부분에서는 우리가 혈과 육을 가진 존재인데 예수님도 혈과 육을 가진 인간으로 오셨다고 했어요. 그리고 인간이 당하는 시험과 고난을 당하신 경험을 바탕으로 우리를 공감하시고 동정하시고 도와주신다는 말씀이고요. 히브리서 4장 14-15절에도 이런 말씀이 나옵니다.

> **히 4:14-15** [14]그러므로 우리에게 큰 대제사장이 계시니 승천하신 이 곧 하나님의 아들 예수시라 우리가 믿는 도리를 굳게 잡을지어다 [15]우리에게 있는 대제사장은 우리의 연약함을 동정하지 못하실 이가 아니요 모든 일에 우리와 똑같이 시험을 받으신 이로되 죄는 없으시니라

우리에게 있는 대제사장, 즉 우리 예수님은 우리의 연약함을 동정하지 못하실 이가 아니요 모든 일에 우리와 똑같이 시험을 받으신 분이라는 것이지요. 우리의 연약함을 충분히 공감하고 동정하시는 대제사장이라 하시거든요. 2장에서 그런 말씀에 감동을 받

앉는데 4장에 다시 이 말씀을 읽으니 '아, 인간 눈높이로 내려오시고 인간의 시험과 고난을 다 경험하시고 인간의 연약함을 공감하시며 동정하시는 주님이구나' 하는 깨달음이 왔어요. 그러고 나니 두려운 마음이 사라지고 혹시 내가 연약하여 넘어질 때도 붙들어 주실 주님이 더 든든하게 느껴지고 위로를 받았고, 평생 의지할 주님이심이 믿어졌습니다. 그리고 새로운 바이블 코이노니아 모임을 시작하면 주님이 도와주실 것이라는 믿음도 생겼고요.

— 상복 형제가 주님의 사랑을 깊이 경험한 것 같네. 힘들 때도 실패할 때도 그냥 그 품에 기대고 안길 수 있는 주님의 따스한 품을 발견했군 그래.

— 저는 말씀하시는 하나님을 묵상하게 되었습니다.

— 말씀하시는 하나님이라, 어떻게?

— 우선 히브리서를 열자마자 1장 1-2절에 이런 말씀이 있지요.

> **히 1:1-2** ¹옛적에 선지자들을 통하여 여러 부분과 여러 모양으로 우리 조상들에게 말씀하신 하나님이 ²이 모든 날 마지막에는 아들을 통하여 우리에게 말씀하셨으니 이 아들을 만유의 상속자로 세우시고 또 그로 말미암아 모든 세계를 지으셨느니라

이게 무슨 말인가 하고 한참 생각하였습니다. 우선 옛적이라는 시간이 있고 모든 날 마지막이라는 시간이 있는데, 옛적은 언제고 모든 날 마지막은 또 언제인지 묵상하다가 깨달은 게 있어요. 바르게 이해했는지 모르겠는데요, 옛적이란 구약 시대를 말하는 것이고, 모든 날 마지막은 바로 그 구약시대의 끝 그러니까 신약시

대의 시작을 의미하는 것이라고 이해했거든요. 그리고 보니까 하나님은 말씀하시는 분인데 '구약시대에는 선지자들을 통하여 하나님의 백성들에게 말씀하시고, 구약의 끝에서 즉 신약시대에는 그 아들, 즉 예수님을 통하여 말씀하셨다는 것이로구나'라고 생각했고, 결국 '선지자들을 통하여 말씀하신 내용을 기록한 것이 구약성경이고 예수님을 통하여 말씀하신 내용을 기록한 것이 신약성경이겠구나' 그렇게 이해하게 되었습니다.

- 현철 형제가 바로 이해한 것 같은데? 대단한 이해력이야. 그래서?
- 그런데 4장 12-13절에 보면 하나님의 말씀에 대하여 이런 말씀이 나옵니다.

> **히 4:12-13** [12]하나님의 말씀은 살아 있고 활력이 있어 좌우에 날선 어떤 검보다도 예리하여 혼과 영과 및 관절과 골수를 찔러 쪼개기까지 하며 또 마음의 생각과 뜻을 판단하나니 [13]지으신 것이 하나도 그 앞에 나타나지 않음이 없고 우리의 결산을 받으실 이의 눈앞에 만물이 벌거벗은 것같이 드러나느니라

하나님의 말씀은 살아 있고 활력이 있다는 것이에요. 저는 여기서 성경은 옛날에 기록된 말씀인데 이 말씀이 어떻게 살아 있고 활력이 있는 것인가 하다가 '하나님께서 살아 계시고 오늘날에도 말씀하시는 하나님이기 때문에 살아 있고 활력 있는 말씀으로 우리에게 다가오실 수 있다는 것이고, 그 과정은 성령께서 하시는 것인 모양이구나' 하는 깨달음이 왔습니다. 그러면서 '아, 성경은 옛적에 기록된 것이지만 성경을 통하여 말씀하시는 분은 살아 계

신 하나님이구나. 내가 말씀 앞에서 하나님을 만나고 하나님의 말씀하시는 음성을 듣고 순종하고 살아야겠구나. 결산 받으실 하나님 앞에 드러날 때 잘 살았다 칭찬 들을 만한 삶을 살아야겠구나' 하고 다짐하게 되었습니다.

— 현철 형제가 깊은 원리를 깨달은 것 같네. 성경을 통하여 말씀하시는 하나님을 묵상하게 되었으니, 우리 모두 성경 읽을 때마다 하나님의 음성을 듣고 하나님의 마음을 알아채는 그런 아들들이 되어야겠지?

— 김 집사님은 어떤 깨달음을 얻으셨나요?

— 나는 믿음의 원리를 깨달은 것 같아. 히브리서 11장은 믿음장이라고 불릴 만큼 믿음에 대한 이야기를 하고 있는데, 특히 그 시작 부분에 믿음의 원리를 말하고 이후로는 그 실례들을 나열하는 것 같거든.

> 히 11:1-2 ¹믿음은 바라는 것들의 실상이요 보이지 않는 것들의 증거니 ²선진들이 이로써 증거를 얻었느니라

'아하, 믿음의 원리라는 게 그런 거구나. 하나님의 세계나 하나님의 말씀은 논리적으로 따지고 들어가서 이해할 수 있는 게 아니라 말씀을 믿고 들어가서 경험적으로 확인하는 것이로구나. 믿음의 선배들이 경험적인 증거를 많이 남겼는데 나도 그렇게 믿음의 세계에 사는 것이구나' 하고 확인하고 확신하게 되었지.

— 믿음의 원리, 이론적으로 분석해서 이해되는 것이 아니라 믿음으로 들어가서 경험하므로 확증을 얻는 원리란 말이지요?

- 그렇지. 그리고 나는 히브리서에서도 은혜를 받았지만 야고보서에서 큰 도전을 받았어.
- 야고보서에서는 어떤 도전을 받았는데요?
- 야고보서의 많은 분량이 믿음과 믿음의 행위의 관계를 다루더군. 특히 야고보서 2장 14절, 26절에 직접적으로 다루는데 마지막 결론은 이렇게 말씀하시지.

> **약 2:26** 영혼 없는 몸이 죽은 것같이 행함이 없는 믿음은 죽은 것이니라

믿음은 믿음의 행위로써 믿음이 확실해지는 것이고, 믿는다면 믿음으로 행동하라는 것이며, 특히 믿는다면 믿음의 주인이신 하나님의 말씀대로 사는 것이 진정한 믿음이라는 것이지. 그리고 또한 먹을 것이 없는 형제들에 대한 사랑이 믿음의 행위 중에 중요한 것이라고 말씀하셨어. 그래서 어려운 사람들을 조금이라도 돕는 데 힘쓰고자 하여 주민센터에 가서 우리 동에 소년소녀 가장이나 무의탁 노인을 알아보고 그들을 위해서 봉사하기로 작정하였지.

- 지난번에는 굶주리는 아프리카 아이들을 위하여 정기 헌금을 하기로 하였고, 이번에는 같은 동에 사는 어려운 이웃을 돕기로 하셨다고요? 대단합니다, 집사님.
- 대단하기는 뭐, 작은 손길이야. 자, 그러면 우리가 깨달은 바를 따라 믿음으로 사랑으로 살아가도록 성령께서 도와주시기를 위하여 통성으로 기도하고, 현철 형제가 마무리 기도하기로 할까?

📖 통성기도 후 마무리 기도

하나님 아버지, 우리에게 말씀해 주시니 감사합니다. 우리의 연약함을 아시며 동정하시며 공감하시며 도와주시는 주님 감사합니다. 우리에게 믿음을 더하여 주옵소서. 우리에게 사랑의 영을 부어 주옵소서. 믿음으로 살고 사랑하며 살게 하여 주옵소서. 예수님의 이름으로 기도합니다, 아멘.

삶과 기도 제목 나누기

- 이제는 지난 일주일을 살면서 감사했던 일과 기도 제목을 나누고 기도하기로 하지. 상복 형제가 먼저 나눌까?
- 지난 한 주간 저의 생활에서는 편의점 아르바이트를 잘하고 즐겁게 지낸 것 감사하고요, 특별히 감사한 것도 있어요. 우리가 지금까지 기도해 오던 친구를 전도하거나 바이블 코이노니아 모임을 하기로 했잖아요? 그래서 친구 찬봉이와 완규를 각각 만나서, 예수 믿은 후 내게 기쁨과 긍정의 에너지가 솟아난다는 간증을 하고 함께 예수 믿자고 권해 보았습니다. 찬봉이는 제 이야기를 진지하게 듣더니 예수 믿는 게 어떻게 믿어지는지 궁금하다면서 자기도 믿고 싶은 마음이 있다고 말하더군요. 그래서 믿음도 하나님께서 도와주실 것이라고 하고, 믿기로 결심하고 믿기 시작하면 된다고 말한 후에 나와 함께 성경 읽기 모임을 하자고 했더니 선뜻 좋다고 하였습니다.
- 원더풀! 완규는 어찌되었고?
- 완규는 예수 믿는 것을 나쁘게 생각은 안 하는데 선뜻 믿어지지

않는다며 좀 유보적인 태도를 보여서 '그렇다면 찬봉이와 나와 함께 성경 읽기 모임을 해 보는 것은 어떻겠냐?'라고 물었더니 그 역시도 유보적이에요.
- 그래서 포기했다고?
- 포기할 제가 아니지요. 완규를 좀 설득했어요.
- 어떻게 설득했는데?
- '예수를 믿을 것인가 하는 것은 전적으로 너의 자유이지만 성경은 읽어 볼 만하지 않겠어? 성경으로 말하자면 이 지구 상에 가장 많은 사람이 읽고 축복을 받은 책이며 수세기를 두고 가장 많이 팔리는 베스트셀러요 꾸준히 팔리는 스테디셀러인데, 그런 책에는 그만한 가치가 있으니까 사람들이 찾게 되고 읽게 되고 하지 않겠어? 그러니 성경 읽기 모임에 함께 해보자'고 설득했더니 그러자고 대답하더라고요. 그래서 일단 셋이 함께 만났고, 마태복음을 한 번 읽고 다음 주에 만나기로 하였습니다.
- 브라보, 바이블 코이노니아 모임이 시작되는 것이네. 성령께서 함께해 주시기를 기도할게.
- 그래서 기도 제목은 두 친구와 함께하는 바이블 코이노니아 모임에 시작부터 성령의 은혜가 있기를 바라는 것이에요. 겁 없이 시작은 했지만 많이 떨립니다. 제가 뭐 아는 게 있어야지요?
- 우리가 바이블 코이노니아 모임을 개척하고 인도할 때, 우리가 뭘 많이 알아서 가르치는 게 아니야. 그들을 사랑하므로 함께 기도하고 나누는 것이지. 우리가 해온 대로 본 대로 하면 돼. 성령께서 함께하실 것을 믿고 기도하면서 전진해. 자 그러면 성령님께서 상복 형제에게 지혜를 주셔서 바이블 코이노니아 모임을 잘 인도할

수 있기를 기도하고, 찬봉 형제와 완규 형제가 마태복음을 읽으며 의심에 빠지는 것이 아니라 하나님을 만나는 경험을 할 수 있도록 성령께서 역사해 달라고 통성으로 기도하고 내가 대표기도 할게.

📖 통성기도 후 대표기도

하나님 아버지, 상복 형제가 찬봉 형제와 완규 형제와 더불어 바이블 코이노니아 모임을 시작할 수 있게 도와주셔서 감사합니다. 이제 상복 형제에게는 지혜로 충만하게 하시고, 찬봉 형제와 완규 형제는 마태복음을 읽으면서 부정적인 생각은 다 멸하고 하나님을 만나는 체험을 할 수 있도록 성령께서 역사하여 주시옵소서. 생명을 살리는 것은 주님이시며 성령님께서 하시는 일인 줄 믿사오니 찬봉 형제와 완규 형제의 영혼을 살리는 새 역사를 이루시옵소서. 예수님 이름으로 기도합니다. 아멘.

- 현철 형제는?
- 저는 지난 한 주간 직장 생활을 어려움 없이 잘 해왔습니다. 그리고 저도 희정이하고 춘택이를 만나서 간증하고 함께 예수 믿자고 권했어요.
- 훌륭해, 결과는?
- 희정이는 친구인 내가 믿고 힘을 많이 얻는 것 같아서 좋은데 자기는 아직 믿을 맘이 생기지 않는다고 해서, 그만 제가 풀이 죽었습니다.
- 저런, 풀 죽으면 안 되는데. 춘택이는 어찌 되었고?

- 춘택이에게는 말할 용기가 안 나서 끙끙대다가, 사람은 다 다르니까 희정이와 춘택이의 반응은 다를 수 있다는 생각이 들어 용기를 내서 춘택이에게 간증하고 예수 믿자고 권했어요. 그랬더니 의외로 쉽게 그러겠다는 거예요. 그래서 제가 다시 용기를 얻었지요. 그런데 어찌해야 할지 몰라 바이블 코이노니아 모임을 시작하자는 이야기를 못했습니다. 집사님, 이런 경우는 어떻게 할까요? 춘택이하고 둘이라도 모임을 시작해야 할까요, 아니면 희정이가 믿는다고 할 때까지 기다렸다가 셋이 시작해야 할까요?
- 둘이라도 시작하고, 둘이 함께 기도하고 함께 권면해서 희정이도 합류하도록 이끌면 어떨까?
- 춘택이 형과 희정이 형도 서로 아는 사이예요?
- 아는 사이긴 하지.
- 그러면 일단 둘이 시작하고 춘택이 형이 희정이 형을 초대해 오도록 하면 좋을 것 같은데요?
- 상복 형제 말이 맞아. 그렇게 하는 게 좋겠어.
- 그럼 춘택이하고 둘이서라도 바이블 코이노니아 모임을 시작해야겠군요. 그렇게 하겠습니다. 그럼 춘택이와 성경 읽기 모임이 성령의 은혜로 이끌림 받도록 기도해 주시고, 희정이도 곧 합류하도록 기도해 주세요.
- 그러면 이번에는 현철 형제에게 성령의 지혜를, 춘택 형제에게는 성경을 읽을 때 만나 주시고 역사해 주시기를, 그리고 희정 형제에게도 성령께서 감동하시므로 속히 마음 열려 예수 믿게 되고 모임에 합류하기를 위하여 통성으로 기도하고, 상복 형제가 대표 기도 하기로 하지.

📖 통성기도 후 대표기도

하나님 아버지, 현철 형이 평강 중에 직장 생활 잘 하게 하시니 감사합니다. 특히 친구 전도와 성경 읽기 모임을 위하여 헌신하고 시작하려는 이때에 현철 형에게 성령의 지혜가 충만하게 하시옵소서. 그리고 함께 성경을 읽기 시작할 춘택 형에게 성령이 역사하셔서 성경을 읽을 때에 방해받지 않게 하시고 깨닫는 지혜를 주시며 만나 주셔서 믿음을 더하여 주시옵소서. 희정 형에게도 성령께서 감동하셔서 예수님을 향하여 마음이 열리고 모임에 합류할 수 있도록 역사하여 주시옵소서. 예수님의 이름으로 기도합니다. 아멘.

- 집사님은 어떻게 지내셨나요?
- 나도 잘 살았고 기도해 온, 두 친구에게 전도를 시도했어.
- 둘 다 열매를 보셨겠지요?
- 아니야. 나는 한 사람도 긍정적인 응답을 얻지 못했어. 조금 더 기도해야 할 모양이야.
- 그래요? 저는 집사님께서는 둘 다 성공적으로 전도하셨을 거라고 생각했는데요?
- 아하, 이게 그런 거 아닌지 모르겠네요?
- 그런 게 무엇인데?
- '나이가 들수록 전도하기가 어려워진다'는 것 아닐까요?
  저는 친구가 20대 대학생들이었는데 쉽다고는 할 수 없어도 결국은 둘 다 긍정적으로 반응하였고, 현철 형 친구들은 젊지만 그래도 제 친구들보다는 조금 나이가 많은 30대이고 직장 생활 하는 분들이어서 반타작했고, 집사님 친구들은 40대라서 아직 덜 익고 시간이 더 걸리는 것 아닐까요?
- 글쎄, 그런지도 모르지. 하여튼 내가 제일 꼴찌야. 내게 지혜와 성령의 은혜를 주시고 내 친구 준혁이와 윤복이가 어두움의 영으로부터 해방되고 마음 열려 예수님 영접하도록 기도해 줘.
- 네, 그러면 김 집사님을 위하여 통성으로 기도하고 현철 형이 대표기도 하면 되겠네요.
- 그래, 그렇게 하지.

📖 통성기도 후 대표기도

하나님 아버지, 우리 김 집사님에게 은혜 주시어서 평강케 하심을 감사합니다. 이제 집사님에게 성령 부어 주시어서 더욱 지혜롭고 능력 있는 일꾼 삼으시고 특히 기도하고 전도하려고 하는 준혁 씨와 윤복 씨에게 성령이 역사하시고 그들 영혼이 자유를 얻어 예수님을 받아들이고 구원받는데 이르고 함께 바이블 코이노니아 모임이 시작될 수 있게 하여 주시옵소서. 예수님의 이름으로 기도합니다, 아멘.

- 고마워. 그럼 이제 다시 한 번 우리의 전도 대상자들을 위한 영혼구원 중보기도를 하고 마치기로 하지.

📖 영혼 구원을 위한 중보기도

내용 생략

2) 왜 3대인가?

- 선배님, 3대 3대 하더니 김 집사가 인도하는 모임에서 김 집사는 드디어 3대를 보는군요?
- 그렇지. 김 집사로서는 3대를 보는 것이지. 이제 김 집사 그룹에 속한 멤버 상복이와 현철이는 2대를 보는 것이고. 마침내 찬봉이와 완규, 희정이와 춘택이가 전도하고 소그룹을 개척하면 상복이와 현철이도 3대를 보게 되겠지. 상복이와 현철이도 그 3대를 보는 데까지 비전을 품고 나아가야 해.
- 그냥 2대를 보면 되지 왜 꼭 3대여야 하나요?
- 모두가 2대를 보면 되겠지만, 3대가 될 때까지 멘토링과 코칭을 하라는 거야. 그것이 대가 끊기지 않고 이어가는 가장 확실한 비결이니까.
- 우리 모두가 육신적으로도 손주까지 보는 게 자연의 이치요 섭리이니, 영적으로도 손주까지 본다는 것으로 이해하면 되지 않나요?
- 그렇지. 손주까지 보되, 우리의 이 시스템에서는 단순히 한 사람을 전도하여 양육하는 것이 아니라 바이블 코이노니아 소그룹을 낳고 기르는 것이지.
- 선배님이 이러한 시스템을 고안할 때 성경적 근거나 성경적인 지시가 있었나요?
- 성경적인 근거? 첫째는 생육하고 번성하라는 말씀이야. 3대를 보는 것이 번성으로 가게 되는 것이니까. 지금까지 인구 성장은 생육하고 번성하라는 말씀대로 이루어져 왔지 않은가? 3대를 보

는 번식으로 말미암아 곱하기식 성장, 기하급수적 성장, 증식(Multiplication)을 이루었단 말이지. 만일 3대를 보지 못한 채 자식을 낳고 바로 죽고 한다면, 현상 유지는 되어도 번성하고 충만하게 되지는 못한다는 말이지.

- 아하, 자식을 낳으면 번식이 되기는 하지만 낳고 바로 죽으면 도로 그 숫자밖에 안 되는데 3대를 보면 태어나는 숫자는 곱하기가 되고 죽어 사라지는 숫자는 빼기가 되니, 자꾸 숫자가 쌓여 가는군요?
- 아니 무슨 말이야? 낳는 사람 있고 죽는 사람 있고, 그렇게 낳고 죽고가 반복되면 똑같은 것 아닌가요?
- 정 목사님, 한번 생각해 보세요. 실례가 되겠지만 목사님을 예로 들어 보면, 만약 목사님이 결혼해서 자녀를 둘 낳고 죽는다면 숫자는 그대로일 거예요. 두 분이 5명쯤 낳고 돌아가시면 그래도 늘기는 하겠지만 그건 더하기 식의 증가지요. 그런데 두 분이 2명만 낳는다 해도 돌아가시기 전에 두 자녀가 또 둘씩 낳으면 두 자녀 그리고 네 손주로 늘어나니까 곱하기 식 성장이 되는 거고요. 두 부부가 돌아가셔도 빼기 식으로 소멸하니까, 곱하기식으로 늘어나고 빼기 식으로 소멸하니 인구가 기하급수적으로 늘어나는 것입니다.
- 임 목사 말이 맞아. 3대를 보는 구조여야 곱하기식 성장이 되는 것이지. 그래서 하나님은 육신적 번성에 있어서도 3대를 보도록 섭리하신 것 아니겠나? 번성하고 충만하게 하기 위해서 말이야. 그 원리를 영적 번식에도 적용되해야 한다는 말이지.
- 아, 이해가 됩니다. 그런 원리였군요.

━ 그렇다네. 그리고 김 집사의 모임에서 디모데후서 읽은 소감을 이야기하는 중에 나오기도 했지만, 둘째 근거는 바울 사도가 제시한 비전이야. 우리가 다시금 확인하자고.

딤후 2:2 또 네가 많은 증인 앞에서 내게 들은 바를 충성된 사람들에게 부탁하라 그들이 또 다른 사람들을 가르칠 수 있으리라

여기 보면 바울 사도가 3대 비전을 제시하거든. 디모데더러 충성된 사람에게 복음을 부탁하여 그들도 다른 사람을 가르칠 수 있게 하라지 않았나? 디모데가 1대라면 충성된 사람은 2대가 되고, 충성된 사람이 다른 사람을 가르치게 되면 그 다른 사람은 디모데에게 3대가 되는 것이지. 이 말씀은 역사적으로도 제자훈련 운동에서 재생산의 원리로 가르쳐지고 적용되어 왔다네. 이봐, 정 목사 그리고 임 목사. 자네들 목회하면서 제자훈련 해 보았나?
━ 지금은 코로나 방역 지침 때문에 아예 못 모이니까 못하지만 이전에는 했었어요.
━ 어떻게 했었나? 뭘 가르치고 훈련했나?
━ 성도들이 알아야 할 기본 교리와 성경적 가치관과 성경적 가정관 등을 가르쳤습니다. 그래서 한 번에 약 20명씩 4기까지 가르쳤는데 그만 코로나 사태가 터지면서 중단되었고요.
━ 코로나 사태가 아니면 5기, 6기 계속 가르치고 있었겠군. 그런데 말야, 우리 목회자들이 제자훈련에 대하여 조금 이해가 덜 된 부분이 있어.
━ 이해가 덜 된 부분이라니요?

- 반드시 훈련 받고 그가 훈련자가 되어 재생산까지 해야 제자훈련인데, 뭘 좀 가르치는 과정을 제자훈련이라고 말하는 경우가 많더라고.
- 재생산을 해야 제자훈련이라고요?
- 그렇지. 제자훈련을 하는 근거가 되는 근본적인 명령은 무엇인가?
- 지상명령이지요.
- 그렇지? 그 본문을 한번 보고 이야기하자고.

> **마 28:18-20** [18]예수께서 나아와 말씀하여 이르시되 하늘과 땅의 모든 권세를 내게 주셨으니 [19]그러므로 너희는 가서 모든 민족을 제자로 삼아 아버지와 아들과 성령의 이름으로 세례를 베풀고 [20]내가 너희에게 분부한 모든 것을 가르쳐 지키게 하라 볼지어다 내가 세상 끝날까지 너희와 항상 함께 있으리라 하시니라

제자훈련이란, 말씀을 실현하려고 하는 것이 아닌가?
- 맞아요. 예수님의 제자로 훈련하는 것, 예수님의 분부한 모든 말씀을 이루며 사는 성도가 되게 하려고 하는 훈련이지요.
- 그래, 그 말이 맞지. 그래서 예수님의 교훈을 가르치고 지켜서 행하며 살도록 가르치고 훈련하는 것이지?
- 그렇습니다.
- 그러면 예수님의 분부 중에 가장 중요한 분부와 명령이 무엇이겠나?
- 아, 예수님의 가장 중요한 분부와 명령은 제자 삼으라는 명령임을 말씀하려고 하는 것이지요?
- 그렇지 않겠나? 그것이 셋째 근거라네. 결국 제자 삼는 일을 해야

진정한 제자가 되는 것이 아닌가? 그렇다면 제자훈련이란 제자 삼는 자가 되게 하는 훈련이어야 하지 않겠어? 따라서 재생산이 없는 훈련이 교리 공부나 성경 공부는 되겠지만 제자훈련은 아니라네.

- 1기, 2기 등 특별한 교리 공부나 성경 공부나 무슨 교육을 한다고 제자훈련이라고 할 수 없고. 그런 것을 다 포함하더라도 결국 재생산 즉 그 제자가 다시 제자를 삼는 일을 목표로 하지 않으면 제자훈련이라고 볼 수 없다는 말씀이지요?

- 그렇지. 그러므로 제자훈련은 처음부터 재생산을 목표로 하는 것이요, 제자 삼는 자로 훈련하는 것이란 말이지. 왜냐하면 제자훈련의 목적은 그를 예수님의 제자로 만들려는 것인데, 예수님의 제자라면 예수님의 지상명령을 수행하는 자여야 하고 그러려면 제자 삼는 자가 되어야 하니까. 담임 목사에게 뭘 배우고 끝나 버리면 제자훈련이 아니야. 반드시 제자 삼는 자로 재생산해야 제자가 되는 것이지.

- 그래서 모든 성도는 자기만 예수 믿는 것이 아니라 전도하여 또 다른 생명을 낳아야 하고, 자기만 예수님 말씀대로 사는 것이 아니라 다른 사람을 양육하여 말씀대로 사는 제자를 재생산해야 진정한 의미에서 제자가 된다, 그 말이지요?

- 그렇다네.

- 그러한 원리를 따라 소그룹 재생산 시스템으로 가도록 한 것이 BK3 3대 시스템이군요!

- 정확한 이해일세.

- 그런데 저는 아무래도 상복 형제나 현철 형제가 과연 새 소그룹

을 시작하여 잘 할 수 있을지 불안하고 걱정이 되거든요. 저들도 신앙의 뿌리가 깊지 않은데 리더 역할을 과연 잘 할 수 있을까요?
- 불안이 전혀 없다고 할 수는 없어. 그러나 어린 새싹들이 다 그렇게 흔들리면서 크는 것이고, 한두 번 경험하다 보면 훌륭한 리더로 성장할 거야.
- 감당하지 못하여 시험에 드는 경우도 있지 않을까요?
- 그런 염려도 전혀 없다고 말할 수는 없어. 하지만 너무 걱정하다가 새신자의 역동성이 꺼지고 난 다음 무엇을 하려면 더 안 되거든. 좀 미숙해도 도전하게 해야 하고, 그래서 3대까지 돌보게 하는 것이기도 해. 자, 여기 상복 형제가 기록한 소그룹 개척 인도기를 한 번 읽어 보자고.

제3대의 탄생_상복이의 일기

친구 찬봉이와 완규가 예수님을 믿는 일에 긍정적으로 반응하고 바이블 코이노니아 모임을 함께 하기로 한 것은 기적과 같은 일이다. 그게 어떻게 가능했을까? 아무리 생각해도 그것은 기적이 아닐 수 없다고 생각된다. 분명 우리의 중보기도를 응답하시는 하나님의 역사임에 틀림없다.

그런데 왜 이렇게 긴장이 될까? 내가 과연 바이블 코이노니아 모임의 인도자로서 성공할 수 있을까? 나 같은 초신자가 성경 모임의 리더가 된다는 일이 믿기지 않고 매우 떨리며 긴장을 지울 수도 없다. 그래서 나는 더욱 주님을 의지했다. 더욱더 간절한 마음으로 기도하지 않을 수 없다. 나는 불안한 생각이 올 때마다 엎드리고 기도했다. 지혜를 주시라고, 용기를 주시라고, 믿음을 더해 주시라고.

드디어 결전의 날이 왔다. 아침부터 들뜬 마음을 가라앉히며 기도하고 또 기도했다. 마침내 그 시간이 왔다. 완규와 찬봉이가 약속대로 내 자취방으로 모였다. 잠시 이런 저런 대화를 나누다가 나는 용기를 내어 시작을 알렸다.

"자 친구들, 이제 그 영광스러운 주님께 예배드리고 우리의 삶을 나누기로 할까? 내가 대표기도로 시작할게."

하나님 아버지 감사합니다. 오늘 가장 친하고 서로를 위해 주는 친구 찬봉이와 완규와 제가 함께 하나님께 예배하며 우리의 삶을 나누고 기도하려고 모였습니다. 우리의 찬양과 기도를 받고 들으시며 이곳에 임재하셔서 우리와 함께하여 주옵소서. 우리가 하나님을 더 깊이 알아가게 도와주시고, 하나님 사랑하는 법을 배울 수 있게 하여 주옵소서. 성경을 읽을 때에 도와주신 하나님. 이 시간 성경을 읽고 깨달은 대로 나눌 때에 나누매 더욱 풍성해지는 축복이 있게 하여 주시고, 우리의 믿음과 성품이 자라고 주님을 닮아가게 하여 주세요. 예수님의 이름으로 기도합니다. 아멘.

"자 찬송 한 곡 부르기로 할까? 너희는 잘 모를 것 같아서 내가 악보까지 복사해 왔는데 아주 쉬운 곡이야. 보면서 함께 불러 보자." 그렇게 말하면서 처음 김 집사님과 함께 모였을 때에 김 집사님이 하던 대로, 본 그대로 '좋으신 하나님' 복음송 악보를 내어 놓고 부르기 시작했다.

좋으신 하나님 좋으신 하나님
참 좋으신 나의 하나님
우리의 기도를 응답해 주시는
참 좋으신 나의 하나님
한없는 축복을 우리게 주시는
참 좋으신 나의 하나님

악보를 읽을 줄 아는 친구들이라서 별로 어렵지 않게 금방 따라 불렀다. 세 번쯤 반복해서 부른 후에 김 집사님과의 모임에서 본 대로 배운 대로 인도했다.
"우리 마태복음을 한 번씩 읽고 만나기로 했는데 어떻게 다들 읽을 만했어?"
"그걸 대답하기 전에 한마디 해도 되냐?"
찬봉이가 물었다.
"무슨 이야기인데 말해 봐."
"와, 상복이 너 대단하다. 너 예수 믿은 지 얼마 안 되지 않니? 그런데 예배 인도하는 걸 보니 너 목사 같다 야."
너무 어이없는 말에 픽 웃어 버렸다. 그러고는 능청스럽게 진행했다.
"그래? 목사님께는 존경을 표해야 하는 거야. 이제부터 내 말 잘 듣고 따르라고. 자, 찬봉이가 먼저 이야기할래? 마태복음을 읽고 무엇을 깨달았는지 또는 느꼈는지?"
"어, 내가 먼저? 나는 솔직히 말해서 성경이라는 것을 처음 읽어 보았는데 시작부터 영 걸리던데? 누가 누구를 낳고 하는 족보 이야기가 전면에 나오니까 '뭐 이런 책이 다 있어' 하고 집어치울 뻔했지 뭐야. 다행히 족보는 길지 않아서 진행은 되었는데 말이야."
"그렇지, 그건 나도 그랬어."
완규도 거들었다. 나는 물었다.
"그래서 무슨 깨달음이 있었어?"
"깨달음보다도 또 의문이 들었어. 처녀가 잉태하여 아들을 낳는다니, 이는 또 무슨 해괴한 이야기인가 하고 또 시험에 들 뻔했지."
예상했던 초보자들의 반응이었다.
"그렇구나. 나도 사실은 처음 읽을 때 그런 생각 때문에 곤란했던 기억이 나. 그러나 그게 하나님께서 인간이 되어 오시는 과정을 말하고 있다는 것을 깨닫고 얼마나 감사했는지 몰라."
"하나님께서 인간이 되어 오는 과정이라고?"
찬봉이의 눈이 반짝였다.
"아, 그럼 예수님은 하나님과 인간이 만나 하나 된 그런 분이라고? 요셉과 마리아의 성교로 태어난 사람이 아니고 하나님과 마리아의 만남으로 태어난 사람이란 말이냐?"
놀랍게도 정확하게 이해하는 것이 아닌가?
"맞아, 하나님께서 인간의 눈높이로 오시기 위하여 마리아의 몸을 입고 온 것이래. 찬봉이 네가 이해하는 것처럼 하나님과 인간의 만남이야. 그래서 그 이름을 임마누엘이라고도 부른다고 해. 임마누엘이란 하나님이 사람과 함께 계시다는 뜻이지. 예수님 안에서 인성과 신성이 만나 하나 되는 진리야."
"이야, 이것은 정말 신비로운 이야기인데? 하나님과 인간이 만난

다니. 하여튼 기독교의 진리는 신비로운 것인 것 같아. 그런데 내가 지금 무슨 이야기를 하고 있는 거야? 갑자기 지금 이런 게 깨달아지다니, 진짜 신기하네."

성령께서 찬봉이의 영적인 눈을 열어 주시는 것 같았다.

"마태복음을 읽으며 생긴 의문이 지금 사라지고 깨달아지는 것 같고 사실은 긍정적인 것도 있었어. 마태복음 4장 4절 읽을 때 막연하면서도 전율 같은 깨달음이 왔거든."

> **마 4:4** 예수께서 대답하여 이르시되 기록되었으되 사람이 떡으로만 살 것이 아니요 하나님의 입으로부터 나오는 모든 말씀으로 살 것이라 하였느니라 하시니

"사람이 떡으로만 사는 것이 아니고 하나님 말씀으로 살아야 한다는 말이 내 생각 속에 파문을 일으켰어. 맞아, 밥 먹고 똥만 싸면서 사는 게 인생은 아닐 텐데, 사람들이 살아가는 모습은 온통 먹고 사는 문제로 사로잡혀 있거든. 이건 아닌 것 같다, 먹고 사는 문제 그 이상의 어떤 삶의 의미가 있어야 한다는 생각을 했는데, 하나님 말씀인 성경에서 찾아 봐야겠다는 생각을 하게 되었고, 결심도 해 보았어."

하나님의 성령께서 찬봉이를 만나 주시는 것 같았다. 너무 놀랍고 감동적인 일이 아닌가? 나는 성경을 읽으며 인생의 참 의미와 가치를 발견하도록 하자고 공감과 격려의 말을 하고는, 완규에게 나누도록 했다.

"나도 처음 마태복음 읽을 때 족보가 나와서 당황했고, 처녀가 아

들을 낳는다고 하니 황당하다는 느낌이 들었어. 그런데 오늘 이야기하면서 찬봉이가 깨닫듯이 나도 그게 신비로운 하나님의 사랑이라고 생각되네. 내가 감동받은 것은 '원수를 사랑하라'는 말씀이었어. 기독교에서 원수도 사랑하라는 말을 한다는 것은 이전부터 들은 바 있지만 성경에서 내가 읽을 때는 느낌이 다르더라고."

마 5:43-48 [43]또 네 이웃을 사랑하고 네 원수를 미워하라 하였다는 것을 너희가 들었으나 [44]나는 너희에게 이르노니 너희 원수를 사랑하며 너희를 박해하는 자를 위하여 기도하라 [45]이같이 한즉 하늘에 계신 너희 아버지의 아들이 되리니 이는 하나님이 그 해를 악인과 선인에게 비추시며 비를 의로운 자와 불의한 자에게 내려주심이라 [46]너희가 너희를 사랑하는 자를 사랑하면 무슨 상이 있으리요 세리도 이같이 아니하느냐 [47]또 너희가 너희 형제에게만 문안하면 남보다 더하는 것이 무엇이냐 이방인들도 이같이 아니하느냐 [48]그러므로 하늘에 계신 너희 아버지의 온전하심과 같이 너희도 온전하라

"예수 믿는 사람들이 잘 따르고 있느냐는 문제는 다른 문제이고, 적어도 예수님은 상당히 높은 수준의 사랑을 제시하고 가르치고 계신다는 것을 확인하면서 감동이 오고, 나도 어느 정도일지 모르지만 예수님의 제자가 되어서 끝없는 사랑의 사람이 되면 좋겠다는 열망이 일어나는 것을 느꼈어."

너무나도 놀라운 일이었다. 완규에게서 이런 이야기가 나올 줄은 꿈에도 생각 못했다. 참으로 신비로운 하나님의 역사다. 그토록 가슴 졸이며 찬봉이와 완규가 성경을 읽을 때에 감동하시고 깨닫

게 하시고 역사해 달라고 간절하게 기도하던 것이 다 응답된 것이 아닌가? 완규는 깨달음을 계속 나누었다.

"그리고 예수님께서는 사람들이 서로 용서하고 살기를 원하신다는 것에 감동을 받았어. 사실 인간에게는 많은 갈등이 있지 않아? 그런데 서로 용서하는 마음을 품고 산다면 갈등은 훨씬 줄어들고 서로 격려하며 사랑하며 살 수 있다는 것이지. 그리고 용서는 원수도 사랑할 수 있는 시작이 될 수도 있고."

> 마 6:14-15 [14]너희가 사람의 잘못을 용서하면 너희 하늘 아버지께서도 너희 잘못을 용서하시려니와 [15]너희가 사람의 잘못을 용서하지 아니하면 너희 아버지께서도 너희 잘못을 용서하지 아니하시리라

나는 놀라지 않을 수 없었다. 사실 찬봉이와 완규가 성경을 읽으며 트집을 잡으면 어쩌나 하고 무척이나 염려했다. 그러나 그런 경우도 있겠지만 우리 모임에서는 그 모든 고민이 기우였다. 성령께서 각자의 마음에 역사하신 것이 틀림없다. 속으로 많이 감격하면서 내가 읽고 깨달은 부분도 나누었다. 먹고 입고 사는 문제 염려에 사로잡혀 살 것이 아니라 하나님나라의 가치와 하나님의 뜻을 이 땅에 실현하며 사는 가치관을 확고히 붙들게 되었다는 이야기를 나누었다.

> 마 6:31-34 [31]그러므로 염려하여 이르기를 무엇을 먹을까 무엇을 마실까 무엇을 입을까 하지 말라 [32]이는 다 이방인들이 구하는 것이라 너희 하늘 아버지께서 이 모든 것이 너희에게 있어야 할 줄을 아시느니라

³³그런즉 너희는 먼저 그의 나라와 그의 의를 구하라 그리하면 이 모든 것을 너희에게 더하시리라 ³⁴그러므로 내일 일을 위하여 염려하지 말라 내일 일은 내일이 염려할 것이요 한 날의 괴로움은 그날로 족하니라

그러고는 우리가 깨달은 성경 말씀을 삶으로 실천할 수 있도록 도와 달라고 함께 기도했다. 통성기도를 하게 해야 할 것인지 망설여졌다. 그러나 용기를 내서 통성기도를 하자고 인도했다. 나름대로 몇 마디라도 기도하는 모습이 대견하고 기특하고 감격스러웠다. 서로 간에 신뢰하는 만큼 솔직하고 정직하게 대화하고 이끌면 되겠다는 확신이 왔다.

그러고는 본 대로 배운 대로 경험한 대로 삶을 나누고 기도하는 시간을 이어갔다. 일주일 동안 어떻게 살았는지 감사 중심으로 나누고, 기도 제목도 나누고 기도하자고 인도했다. 둘 다 성경 읽기 모임에 함께하게 되고 성경을 읽고 있다는 것이 감사하다고 했다.

두 사람 다 특별한 기도 제목은 없고, 학업 잘 마치고 순조롭게 취직이 되길 기도하였다. 그리고 기왕 시작한 신앙생활에 성장이 있기를 원한다는 기도 제목이 나왔다. 너무 감사한 일이었다. 이 역시 본 대로 배운 대로 한 사람 나누고 함께 기도하고, 또 한 사람 나누고 함께 기도하는 방식으로 처음부터 밀고 나갔다. 어색해하면서도 몇 마디씩이라도 기도를 하게 되었다.

한 가지 고민되는 것은 영혼 구원을 위한 중보기도를 언제 시작할 것인가 하는 것이다. 당장 다음 주부터 시작하게 전도 대상자 친구 이름을 적어 내도록 할까? 그것이 너무 벅찬 것이 아닌가 싶기도 해서 일단 좀 미루고 김 집사님께도 물어보고 하나님께도 여

쭈어 기도해야겠다고 생각했다.

첫 모임을 마치고 친구들과 헤어지고 나서 내 가슴이 땀으로 젖어 있는 것을 알았다. 물론 날씨도 더웠지만 그만큼 내가 엄청나게 긴장했던 것이다. 동시에 엄청난 감격이 밀려왔다. 내가 리더가 되다니! 잠시 하나님께 감사의 기도를 드리고 나서 나는 김 집사님께 전화했다. 보고도 드리고 싶고 특히 영혼 구원 중보기도를 언제부터 시작해야 할지를 여쭈어 보아야 할 것 같았다.

전화를 받은 김 집사님께서 매우 기뻐하며 칭찬해 주셨다. 그리고 영혼 구원 중보기도는 서둘러야 할 것은 아니지만 마냥 미루어 둘 필요가 없다고 하셨다. 오히려 초신자 때 중요한 틀을 잡아가는 게 필요하다면서 한 달 내로는 시작하도록 하라고 조언해 주셨다. 2~3주 보면서 시작해야겠다.

5부
언제, 어디서, 어떻게 시작할 것인가?

- 선배님, 대단합니다. 초신자인 상복이가 해내는군요!
- 상복이가 하였지만 사실은 하나님이 하시는 것이라네. 그러니 우리가 하나님을 믿는다면 하나님께서 함께하시므로 초신자도 리더가 될 수 있다는 것도 믿어야 할 거야. 믿고 격려하고 기도하면 초신자도 충분히 리더의 역할을 감당해 낸다네.
- 선배님, 이제 BK3 3대 비전이 무엇인지 이해가 되었고, 이는 지상명령을 실현하는 굉장한 시스템이며 전략이라는 것도 이해가 됩니다. 그런데 우리 같은 목회자로서는 고민이 안 될 수가 없습니다.
- 뭐가 고민이 되는데?
- 기존에 돌아가는 시스템이 있고 1천 명 성도를 목양해야 하는데, 이런 현실에서 1천 명을 어떻게 이런 시스템으로 돌아가게 해야 하는지 감이 잡히지 않습니다. 언제, 어디서, 어떻게 이 시스템을 시작하고 적용해야 하는지가 큰 과제가 될 것 같습니다.
- 그래? 임 목사의 고민이 무엇인지 이해가 안 되는 바는 아니지.

자 그럼 하나씩 따져서 어떻게 변화시킬 것인지, 어떻게 적용하고 시작해야 할지를 찾아내 보자고. 우선 이 코로나 팬데믹 시대를 어떻게 볼 것인가? 여기에 대응하는 기본적인 철학은 무엇인가?

1) 모이는 교회, 흩어지는 교회

- 무슨 말씀이신지요? 코로나 팬데믹을 어떻게 보다니요? 거기에 무슨 철학이 나옵니까?
- 아, 내가 질문 만드는 데 은사가 없는 것 같다고 평생 지적을 받았는데 지금도 그렇군. 그럼 바꾸어서 물어 보지. 코로나 팬데믹은 지나갈 것인가? 언제쯤 끝날 것인가?
- 지나갈 것 같지 않은데요. 좀 잡힐까 싶으면 변이 바이러스가 일어나서 더 심각해지기를 반복하면서 벌써 2년째이니, 이제 언제쯤이면 잡힐 것이라는 기대를 걸 수 없지 않아요?
- 그래, 우리가 코로나 초기에는 그런 기도를 했어. "주여, 이 코로나 사태가 속히 지나가고 진정되게 하여 주옵소서." 그런데 지나가지 않고 계속되고 있거든. 지나가기만 기다리며 움츠리고 있다 보니 계속 움츠려 있어. 그리고 아무것도 못 하고 지나가기만 기다리고 있는데, 지나가고 나면 이제 부흥회도 하고 성경학교도 하고 제자훈련도 하고 이런저런 행사도 하고 총동원 전도도 하고 하겠다고 생각하고 기다리는데, 코로나가 결코 지나가지 않고 있다는 게 문제지.

- 글쎄, 말입니다. 어떻게 해야 할지 몰라 헤매다가 세월 보내고 있는 것 같습니다.
- 그런데 아직도 코로나 팬데믹이 속히 지나가게 해 달라고 기도만 하고 있는 교회가 너무 많아. 이제 우리는 이 코로나 시대는 지나가거나 끝나는 것이 아니라 이런 세상, 이런 상황 속에 코로나와 더불어 살아간다고 보고 대책을 수립해야 하지 않겠나.
- 그건 맞는 것 같습니다. '코로나 이후(After Corona)는 없다. 이제는 코로나와 더불어(With Corona) 사는 시대만 있다'고들 말하지 않아요?
- 맞아, 대부분의 전문가들은 이러한 코로나 바이러스 사태는 지나가는 것이 아니라고 말해. 반복되는 일상이 된다는 것이야. 지구 자체가 병들었기 때문이고, 하루아침에 치유될 수 있는 것이 아니라는 말이지. 그렇다면 우리의 교회의 존재 방식이나 목회 시스템도 코로나 이전으로 돌아갈 수 없다는 점을 전제로 전략을 수립해야 하지 않겠나?
- 그렇기는 한데요, 코로나 바이러스도 감기 바이러스처럼 일상적인 전염병 중 하나로 생각하고 치료제도 개발하다 보면 이전처럼 대면 사회로 결국은 가게 되지 않을까요?
- 위드 코로나 시대로 가서 코로나와 더불어 사는 시대가 된다고 해도 이미 지나가 버린 시대적 변화는 되돌릴 수 없을 것이네. 문화와 사회의 흐름이 비대면 사회로 전환되었지. 특히 교회가 두드러지게 표가 날 것 같은데, 잘 안 모인다는 것이야. 유튜브 화면 앞에 모일 것이므로 주일 아침도, 오후도, 수요일에도, 금요일에도, 새벽마다 예배하는 성도는 극히 소수자가 될 것이라고 전망

한다네. 이미 서구 교회가 그 길로 갔듯이 한국 교회도 주일 아침 예배 한 번으로 모이는 일은 줄어들 거야. 코로나 사태가 아니라도 그렇게 변하고 있었는데 코로나 사태가 그런 경향을 앞당겨 버렸어. 이참에 교회는 지난날의 잘못을 반성하고 새 시대에 맞는 전략을 추구해야 할 거야.

- 무슨 잘못을 반성하고 어떤 전략을 추구해야 하나요?
- 지금까지 한국 교회는 성도들이 예배당 중심, 목사 중심으로 신앙생활을 하게 만들어 왔다고 생각해. 신앙생활이 무엇이냐, 교회당에 오는 것이다, 주일에도 오고 수요일에도 오고 금요일에도 오고 새벽마다 오고, 예배당에 오지 않으면 신앙생활이 안 되는 것이다, 신앙생활이란 곧 예배당에 오는 것이고, 목사의 설교에 매달려 사는 것이라고 그렇게 만들었어. 그래서 예배당을 떠나면 신앙생활이 무엇인지 잘 몰라.
- 아이 선배님, 그건 좀 과장된 말씀인 것 같은데요?
- 한번 보라고, 임 목사. 성도들을 교회당으로 불러들이는 일에 열심히 한 것 말고 뭐가 있나? 주일에 수요일에 금요일에 새벽마다 교회당에 오는 게 잘못된 것은 아니야. 칭찬할 만하지. 그런데 와서 무얼 하나? 30분씩, 1시간씩 목사의 설교 듣고는 다시 돌아가. 그러고는 자기는 종교 행사를 했으니 마음 놓고 이제 자기 살고 싶은 대로 살지.
- 선배님, 무슨 말씀하시려는 것인지 잘 이해가 안 됩니다.
- 자네들이 이해가 잘 안 되어야 내가 잔소리를 더 하지 않나?
- 네?
- 예로부터 교회와 신앙생활을 논할 때 모이는 교회(Gathering

Church)와 흩어지는 교회(Scattering Church)로 설명하곤 했는데, 지금까지 한국 교회는 열심으로 모이는 교회는 강조되었는데 흩어지는 교회를 가르치지 못하고 강화시키지 못했다는 것이야.
- 그것은 또 무슨 말씀입니까?
- 예배당에 모이는 행사 위주로 신앙생활을 하고, 흩어져 사회 구석구석에 들어가 어떻게 하나님의 뜻을 실현하고 흩어진 교회로서의 신앙생활을 할지는 가르치지 못했다는 것이야. 그러니 오늘날 모이지 못하는 시대가 되어 모두 허둥대고 있지 않은가. 예배당을 떠나서는 어떻게 신앙생활을 해야 할지를 모르기 때문이지. 성도가 예배당 중심, 목사 중심의 신앙생활에 길들여져서 그동안 나약하고 취약한 신앙생활을 해 왔어. 그런데 예배당을 떠나 살아야 하는 시대가 되니까 성도들은 허둥대고 목사들은 허전하고, 그런 것이지.
- 성도들은 허둥대고 목사들은 허전하다고요? 예배당이 텅텅 빈 채로 방송에 대고 설교하려니 허전한 것은 맞는 것 같아요. 음, 성도들도 허둥댄다고 보아야 하나요?
- 그럴 것 같지 않나? 지난해인가 벌써 2년 전인가, 〈미스터 트롯〉이라는 오디션 프로가 방송된 적이 있지?
- 대단히 인기가 있었지요. 그런데 미스터 트롯은 왜 소환하시나요?
- 거기 지원자 하나가 인상 깊었거든. 처음부터 그 엄마가 따라와서, 제작진이 질문하면 지원자가 대답하는 게 아니라 엄마가 대신 대답하더라고.
- 아, 그 엄친아 말이에요? 그건 너무하더라고요. 아이도 아니고 성인인데, 어머니가 데리고 오고 데리고 갈 뿐 아니라 무얼 물어 보

면 본인은 더듬거리고 엄마가 먼저 나서서 대답하다니. 그런 엄친아가 다 있어요?
- 그러게 말이야. 그런데 무대에 설 때는 엄마가 함께 올라가 노래해 줄 수 없거든. 그러니까 무대에 홀로 서서는 긴장했는지 실력 발휘를 못하고 결국 탈락하고 말더군. 그 장면을 보면서 지금까지 한국 교회 목사들은 성도들을 이러한 엄친아로 키운 게 아닌가 반성되더라고. 목사는 성도들을 자기 치마폭에 싸서 기르려고 한 것 아닌가 하고 말이야. 예배당에 묶어 두고, 목사 자기에게 묶어 두면서. 그런데 예배당에 모이지 못하게 되니까 목사들은 허전하고 엄친아가 된 성도들은 허둥대고 하는 것이 아니겠나?
- 모이는 교회 일변도로 키웠다는 것을 지적하는 것인가요?
- 맞아. 모이는 교회와 흩어지는 교회의 두 구조가 균형을 이루어야 하는데 그동안 모이는 교회 구조로만 만들어져 왔어. 그런데 코로나 사태로 인하여 강제로 흩어지는 교회가 되어 버린 것이지.
- 흩어지는 교회가 되었다고요? 성경에 하나님께서 흩어지게 한 사건이 두 차례 큰 흐름을 바꾸던데, 이번에도 그런 의미일까요?
- 성경에 흩어지는 사건이라니?
- 첫째는 구약에서 이스라엘 민족을 흩어지게 했어요. 나라가 망하고 이스라엘 민족이 흩어지는 이야기가 있지 않아요?
- 그렇지. 왜 흩으시던가?
- 이스라엘 민족이 흩어지므로 결국은 이방인에게 하나님 경외하는 법이 전해졌거든요.

- 어떻게 해서 그런 건데?
- 이스라엘 사람들이 모여 살 때는 성전 중심으로 살았어요. 성전에 이방인의 뜰은 있어도 이방인들은 성전 안에 들어갈 수도 없었고요.
- 그랬지. 그래서?
- 그런데 다른 민족 사이로 흩어진 유대 민족들은 다른 나라에 가서 배타적으로 살 수 없었고, 모이기는 하되 성전이 아닌 회당에 모였어요. 회당에는 이방인도 구별 없이 들어왔는데, 회당 문화 속에서 유대인이 모여 예배하고 기도하고 말씀을 강론하고 하는 중에 이방인 가운데에서 여호와 하나님을 경외하는 사람들이 나오고, 그들을 여호와 경외자(God fearer)라 부르고, 심지어 유대인으로 귀화하여 여호와 하나님을 경외하고 섬기는 사람들 곧 유대인 개종자(Converted Jews)가 나오기도 했습니다. 모든 민족에게로 하나님의 진리가 전파되는 계기가 되기도 하였지요.
- 흩어져서 세계로 나아가게 하신 것이네.
- 그렇지요. 그 경우는 배타적인 민족 우월주의에 빠진 이스라엘을 심판도 하시고 나아가 모든 민족을 구원하시려는 하나님의 뜻을 이루는 손길을 보여준 셈이지요.
- 또 다른 예는 무엇이지?
- 하나는 신약에 예가 있는데요. 예수님께서는 '천하만민에게 복음을 전하라', '모든 민족을 제자 삼으라', '땅 끝까지 이르러 증인이 되라'는 비전을 제자들에게 주시고 승천하셨는데, 제자들은 예루살렘에 머물며 유대인에게만 복음을 전하고 있었어요. 그때 핍박이 일어나 사도들 외에는 다 흩어지는 사건이 벌어졌지요.

- 그랬지. 그때도 흩어진 사람들이 사마리아에, 안디옥에, 그리고 땅 끝까지 뻗어가며 복음 전하는 선교적 교회가 되었지.
- 그것처럼 이번에 코로나 팬데믹을 통하여 예배당 중심으로 모이는 기독교교회가 흩어져 모이지 못하게 된 것은, 흩어지는 교회를 강화하라는 하나님의 섭리가 아닐까요?
- 정 목사, 내 생각이 그 생각이야. 경우는 좀 다르지만, 구약의 이스라엘이 '우리 민족, 우리 민족' 하면서 안으로만 결속하는 민족 우월주의에 빠졌을 때 그들을 흩어서 세계적인 여호와 신앙을 전파하게 하신 것, 예루살렘 교회가 모여서 예루살렘 유대인만 고집할 때 흩어서 땅 끝으로 보내는 것처럼 예배당 중심으로 모이는 교회만 강조하던 교회에 이제는 흩어지는 교회로 살아가게 하시는 섭리가 아닐까 반성해 본다네. 어쨌든 이제는 흩어지는 교회를 강화해야 할 때가 되었어.
- 그러겠네요. 성도들이 서는 무대는 하나님을 인정하지 않는 냉정한 생존 경쟁의 현장인데, 어떻게 이 현장에서 빛과 소금이 되어 하나님의 뜻을 실현하고 하나님께 영광 돌리며 전도하고 선교하며 살 것인가를 더 고민하고 실천해야겠네요. 예배당에 모이지 않아도 하나님과 함께 사는 개인 경건 훈련과 삶터 영성 훈련이 강화되어야 할 것 같습니다. 성도들을 엄친아로 예배당 중심, 목사 중심으로 키운 것은 반성하고, 이제부터라도 생활 속에 신앙과 헌신을 가르쳐야 할 것 같아요.

2) 양이냐, 목자냐?

- 그런 맥락에서 우리 목회자가 반성해야 하는 과제가 하나 더 생각나는걸?
- 무슨 과제인가요?
- 엄친아 이야기하다 보니 같은 맥락에서 오늘날 교회와 목회 구조에서 양과 목자를 구별된 계층으로 구분한 것, 즉 성도들은 양이고 목회자만이 목자라는 도식이 무엇인가 잘못된 것 같아.
- 왜 그렇지요?
- 우리는 다 하나님 앞에서 연약한 자며 서로 돌봄이 필요하다는 의미에서는 다 어린 양이야. 동시에 누군가 돌보고 도와주어야 한다는 의미, 즉 사명에서는 모두 다 목자로 살아야 해. 그래서 신앙이 어릴 때는 양으로 양육 받고 케어 받는 위치이지만 모두 자라서 다른 사람을 돌보고 섬기는 목자로 성장해야 한다는 생각이야.
- 목양은 영원히 목사 혼자 하고 모든 성도들은 평생 빽빽거리며 먹을 것 달라, 아프니 약 달라, 외로우니 위로해 달라 하는 어린 양으로 남겨 두어서는 안 된다는 말이군요?
- 그렇지. 처음에는 양으로 돌보지만 자라서는 목양자가 되게 해야지.
- 평신도 모두 목양자로 키워야 한다고요?
- 내가 요즘 새 사진 찍는 데 재미를 붙였다고 말했지? 그저 재미만 있는 게 아니라 삶의 지혜도 깨닫고 한다네. 이 사진 좀 봐.

- 후투티 사진이네요?
- 맞아 후투티 사진이야. 우측에 있는 새가 어미 새이고 아래 있는 새가 새끼 새인데, 둥지에 있을 때는 어미 새가 열심히 먹이를 잡아다 새끼를 먹이더라고. 그런데 새끼가 어느 정도 자라니까 둥지로 먹이를 가져다주지 않는 거야. 먹이를 잡아와도 둥지 주변을 돌거나 둥지 가까운 나뭇가지에 앉아서 새끼가 날개를 펴고 나오도록 유도하고 재촉하는 것 같았어. 이 사진은 새끼 새가 마침내 둥지를 떠나 한 2미터 날아서 나뭇가지에 앉은 것을 찍은 거야. 계속 관찰했더니 이렇게 나온 새끼도 한동안은 어미가 먹이를 사냥해서 먹여. 그러나 얼마 되지 않아 어미는 더 이상 새끼를 먹이지 않고 스스로 먹이 사냥을 하게 하더란 말이지. 그리고 그 다음 해에는 그 어리던 새끼 새가 어미가 되어서 알을 낳고 새끼를 부화하고 새끼를 기르는 어미 새가 되더라 말이지. 여기서 잠깐

상상해 보자고.
- 무슨 상상을 해요?
- 저 새끼가 내년 봄까지도 어미에게 먹을 것을 달라고 한다면 어찌 될까? 또 후년에도 새끼들이 어미에게 먹이를 달라고 한다면, 이제 해마다 불어나는 새끼들을 한 어미가 계속 먹여야 한다면 어찌 될까? 상상해 보니 끔찍하지 않은가?
- 있을 수 없는 일이고, 그런 일이 일어난다면 정말 끔찍한 일이겠지요.
- 그런데 우리는 그렇게 목회를 하고 있어. 성도를 평생 돌보아야 하고 먹여 주어야 하는 대상으로 본다면, 해마다 늘어나는 새끼를 여전히 어미 새 하나가 먹이는 것과 뭐가 다르겠어? 이제 목회 구조의 재설정이 필요할 것 같지 않은가?
- 전통적으로 목사는 목자요 평신도는 양이라는 관념은 재고되어야 할 것 같긴 합니다. 평신도도 목자가 되어야 한다면 말이에요.
- 그렇지? 우리는 세계 복음화에 기여할 평신도의 어마어마한 능력을 사장시켜 온 잘못을 반성하여야 할 것 같지 않나? 올해에도 다음 해에도 아니 평생토록 밥 달라고 징징대는 어린 새로 남겨 둔 어미 새가 있다면 그건 얼마나 바보짓인가? 우리는 그렇게 목회해 왔다네.
- 그렇네요. 목양의 관점을 새로 정립해야 하겠는데요?
- 이참에 좀 따져 보자고. 부활하신 예수님께서 베드로에게 목양 사명을 말씀하실 때, 그 목양 사명은 오늘날 누가 받고 있는가? 베드로 개인에게 말씀하신 것이니 베드로가 죽은 후에는 이 말씀도 죽은 것인가? 더 이상 신경 쓸 필요 없는 일회적인 말씀인가?

아니면 그때 예수님께서 목사라는 직책을 미리 상정하시고 하신 말씀이라서 오늘날도 목사들이 이어받는 사명이고 명령인가? 도대체 누가 이 목양 사명을 이어가야 하는 것인가?

> **요 21:15-17** ¹⁵그들이 조반 먹은 후에 예수께서 시몬 베드로에게 이르시되 요한의 아들 시몬아 네가 이 사람들보다 나를 더 사랑하느냐 하시니 이르되 주님 그러하나이다 내가 주님을 사랑하는 줄 주님께서 아시나이다 이르시되 내 어린 양을 먹이라 하시고 ¹⁶또 두 번째 이르시되 요한의 아들 시몬아 네가 나를 사랑하느냐 하시니 이르되 주님 그러하나이다 내가 주님을 사랑하는 줄 주님께서 아시나이다 이르시되 내 양을 치라 하시고 ¹⁷세 번째 이르시되 요한의 아들 시몬아 네가 나를 사랑하느냐 하시니 주께서 세 번째 네가 나를 사랑하느냐 하시므로 베드로가 근심하여 이르되 주님 모든 것을 아시오매 내가 주님을 사랑하는 줄을 주님께서 아시나이다 예수께서 이르시되 내 양을 먹이라

- 이 문제를 깊이 생각해 보지 않았습니다만, 지금까지 이는 당연히 나 같은 목사에게 하신 위임이고 명령이라 생각하고 열심히 목양하여 사명을 다하자고 다짐해 왔어요. 그런데 그때 베드로 개인에게만 내리신 명령이라고 하면 그것도 문제인 것 같고, 모든 그리스도인, 모든 예수님의 제자는 이 위임을 받는 것이라고 말하자니 기존의 생각에 걸리네요. 목양이야 당연히 목사가 하는 것이고 평신도는 영원한 양이라고 생각해 온 것이 잘못이었나 봅니다.
- 목사를 평신도와 다른 특별한 존재로 만들려는 특권의식이 평신

도의 가능성과 잠재력을 사장시키는 결과를 가져온 것이 아닌가 반성해 보는 게 옳지 않겠는가?
- 그러면 모든 성도, 평신도를 포함한 모든 성도가 목양자가 된다면 양은 누구인가요? 양이 되었다 목자가 되었다 헷갈리는데요?
- 비유로 이해해야 한다네. 사람이 양이 될 수는 없으니까. 그러므로 양이란 어린 양처럼 약하고 돌봄이 필요한 존재를 비유하는 것이겠지. 그래서 양은 돌봄을 필요로 하는 존재요 목자는 돌보는 사명이 있는 존재를 나타내는 것이지.
- 그렇다면 돌봄을 필요로 하는 양으로 출발해서 돌보는 사명을 갖는 목자로 성장해야겠군요?
- 맞아. 그래서 새끼 새와 어미 새의 비유로 생각하는 게 이해가 더 빠를 거야. 새끼 시절에는 돌봄을 받지만 성장해서는 낳고 기르고 돌보는 어미 새가 되는 것이지.
- 모든 성도가 연약한 존재요 돌봄이 필요한 존재라는 의미에서는 모두 양이요, 연약한 자를 돌보고 이끌어 주는 사명이 있다는 의미에서는 모두 목자라는 것이지요?
- 그렇지. 우리는 양이며 동시에 목자라는 이중성을 지니게 된다네. 그래서 사실은 코이노니아가 중요한 것이야. 서로 돌보고 서로 의지하고 서로 사랑하며, 내가 양이 되기도 하지만 동시에 목자가 되기도 하는 거지. 서로 섬기고 서로 돕고 서로 돌보는 코이노니아 공동체가 교회요, 이 교회 공동체 안에서는 서로 목자 역할을 하게 되어 있다네. 그리고 궁극적으로 모든 성도가 목양자가 되어야 하고.
- 그런데 지금까지 우리는 목사가 목양자이고 평신도는 영원한 양

이라는 고정관념을 갖고, 성도들을 밥 달라고 빽빽거리는 어린 새의 자리에 방치함으로써 직무유기한 셈이네요? 모든 성도가 목양자가 되는 그림으로 그러한 전략과 시스템으로 목회를 했다면 엄청난 부흥과 성장과 세계 복음화의 열매가 있었을 텐데, 그 잠재력을 사장시키고 있었던 죄 말이에요. 그렇다면 앞으로 목사의 목회란 모든 성도가 목양자로 성장하고 세워지도록 양육하고 훈련하고 격려하는 것이 중요한 일이 되겠군요?

― 모친의 치마폭에 싸여 살다가 무대에 설 때는 떨면서 실력 발휘를 못하던 엄친아 트롯가수의 모습을, 그동안 교회와 목회자, 특히 목사의 설교에만 의지하여 예배당 중심으로 신앙생활 하던 성도들이 세상이라는 무대에서 영적 실력 발휘를 못하는 모습이라고 상상해 보라고. 그리고 어미에게 평생 먹여 달라고 빽빽거리는 새끼 새도 상상해 봐. 우리가 이렇게 목회를 해서야 되겠는가 말이야. 이번 코로나 팬데믹 시대에 모이지 못하는 교회가 된 것이 이런 문제를 반성하고 되돌아보는 계기가 되었으니, 이제 흩어지는 교회를 강화할 필요와 모든 성도를 오히려 목양자로 세워 나가야 한다는 과제를 절실히 깨닫고 전략을 세워야 할 것이라고 보네.

― 지금까지 흩어지는 교회를 강화할 필요성과 모든 성도들을 목양자로 훈련하고 세워야 한다고 말씀하셨습니다. 코로나 팬데믹 시대에 반성하면서 부족했던 부분을 보완해야 하는 것을 말씀하셨는데, 과연 BK3 시스템은 여기서 어떻게 적용되어야 합니까?

3) 목양이냐, 세계 제자화냐?

- 한 가지 더 언급할 일이 남아 있어. 많은 목회자들이 목사의 목회는 목양, 즉 성도들을 양으로 자신을 목자로 상정하고 성도들을 돌보고 관리하고 교회를 유지하는 목양 사역이라고 생각해 왔어. 그러나 목회에는 두 가지 차원의 사역이 있고 그 두 가지 사역의 균형을 유지하면서 궁극적으로는 지상명령을 수행하는 교회로 세워져 가야 한다네.
- 두 가지 차원이라고요? 하나는 목양이고 하나는 무엇이지요?
- 이미 언급했지만, 지상명령을 수행하는 세계 복음화 내지 세계 제자화의 사역이야. 그런데 이 두 가지는 동전의 양면처럼 두 가지 차원일 뿐 사실상 하나인 셈이지.
- 어떻게 그렇게 되지요?
- 예수님은 인생들을 길 잃은 양으로 생각하셨어. 그리고 잃은 양을 찾는 것이 교회의 사명이라고 하셨고(마 18:12). 그리고 베드로로 대표되는 제자에게 예수님 대신 양을 먹이고 치라고 위임하셨다네(요 21:17). 여기서 목양 사역이 나오게 되었단 말이야.
- 또 다른 표현으로 예수님은 지상 명령을 주시고 승천하셨거든요. '땅끝까지 이르러 내 증인이 되리라'(행 1:8), '온 천하에 다니며 복음을 전파하라'(막 16:15), '모든 민족을 제자로 삼으라'(마 28:19) 하며, 조금씩 다르게 표현되었지만 결국 세계 복음화, 세계 제자화의 명령을 두고 가셨어요. 그런데 목양 위임과 세계 제자화 위임과 명령은 다른 것이 아니라 하나의 명령의 두 차원이라는 말씀이지요?

— 그렇지, 정 목사가 잘 정리하는군 그래. 그런데 많은 목사들이 목양 차원만 생각하고 그저 교인 숫자 좀 늘리고 교회를 잘 유지하는 것이 목사의 할 일의 전부인 줄로 알고 있는 게 문제지. 요즘처럼 어려운 시기에 교회가 어떻게 살아남을지를 걱정하고 있는데, 사실 목양과 세계 제자화의 대명을 통합된 시각으로 달라져야 해. 오늘날처럼 어려운 시기에도 어떻게 생존할까 하는 질문이 아니라 어떻게 전 세계를 복음화하고 제자화 할 것인가 하는 질문을 가지고 씨름하면서 전략을 찾아내야 한다 그 말이지.

— 그래서 선배님은 그 적극적인 전략으로 BK3 3대 비전을 제안한다, 그 말씀이지요?

— 그렇다네. 결국 그 이야기인데, 먼저 우리의 의식을 근본부터 새롭게 가자는 의미에서 여러 잔소리를 하게 된 것이네.

— 그러면 이제 어떻게 이 전략을 실행해야 하는지 말씀해 주세요.

— 임 목사, 서둘지 말게. 이 전략을 시행하기에 앞서 자네들이 일반적으로 걱정하는 것처럼 1천 명, 1만 명의 기존 성도와 기존 목회 구조를 어떻게 조정 내지 강화해야 하는지부터 이야기해야 할 걸?

4) 한 번의 설교에 집중하라

— 그러겠지요? BK3 3대 시스템은 기존에 없던, 완전히 다른 시스템이기 때문에 기존 틀을 유지해야 하는지, 아니면 바꾸어야 하는지도 고민되는 일이지요.

- 그래서 잔소리를 조금 더 해야 할 것 같은데. 임 목사, 지금까지 무슨 일로 바쁜가? 그리고 특히 요즈음의 바쁜 일은 무엇인가?
- 그동안 제일 바쁘게 한 것은 설교지요. 일주일에 주일 아침 예배 설교, 오후 예배 설교, 수요 예배 설교, 금요 기도회 설교, 새벽 설교 여섯 번, 일주일에 꼭 열 번씩 하는 설교에 치이다시피 했지요.
- 맞아, 한국 교회에서는 목사가 설교하는 시간이 너무 많고 잦아. 그런데 그 모든 것이 목사가 잘못해서 그렇게 만들어 놓은 것이야. 우선 새벽기도회인데 왜 새벽마다 설교를 그렇게 길게 하고 기도는 짧게 하는 구조로 만들었는지 반성해야 할 거야. 새벽에는 설교하지 말고 말씀 묵상 중 깨달은 것 한 가지 나누고 성도들이 기도를 길게 하고 갈 수 있게 도와주어야 할 거야. 그나저나 요즘도 새벽 설교를 그렇게 길게 하나?
- 요즘엔 새벽기도회에 아예 못 모이지요. 코로나 사태가 터지고는 방역 지침에 따라 될 수 있는 대로 모임을 갖지 못하게 되다 보니 새벽기도를 쉬고 있지요.
- 금요 기도회도 기도회인데 왜 설교 중심으로 하는가? 설교는 짧고 기도를 길게 하여야 기도회가 아닌가? 수요 예배도 마찬가지야. 내가 자라던 옛날에는 수요 모임 명칭이 수요 기도회였어. 그런데 어느 날부터인지 수요 예배라고 이름이 바뀌고 설교 중심이 되었어. 주일 저녁이나 오후 예배의 명칭은 찬양예배라고 되어 있는데 찬양 중심이 아니고 설교 중심이 되어 버렸어. 이거 다 목사가 중심이 되어 자기가 존재감을 뽐내다가 이렇게 만들어 버리고 스스로 설교에 치이는 역설을 만들어 낸 것 아니겠나?
- 목사의 존재감을 뽐내다가 짐을 뒤집어쓴 것이라고요?

- 안 그런가? 그나저나 요즘 수요 기도회, 오후 예배, 금요 기도회 다 모일 수 있던가?
- 주일 아침 예배 말고는 다 취소되었지요. 주일 아침 예배조차도 전원 다 모이지 못하고 몇 사람만 예배당에 나와 대면 예배로 드리고 나머지는 집에서 비대면 예배로 드립니다.
- 그러면 요즘에는 설교가 너무 많다는 이야기는 안 나오겠군?
- 그래서 오히려 허전하고 어쩔 줄 모르는 느낌입니다.
- 아니, 임 목사는 그럼 안 모인다고 설교 안 하고, 일주일에 주일 아침 설교 한 번 하고 나머지는 안 한다고? 대단한 용기네. 나는 모이지 못해도 설교는 다 해야 하던데. 주일 오후도, 수요일 저녁에도, 금요 기도 시간에도, 새벽에도 실시간 방송으로 다 내보내느라고 죽을 맛이거든. 안 모인다고 설교도 안 내보내도 되다니, 임 목사, 진짜 대단한 용기네.
- 아니, 정 목사는 모이지도 않는데 설교는 다 내보낸다고? 여전히 사는 맛이 나겠군?
- 죽을 맛이야. 허공에다 대고 설교하는 느낌인데, 꼬박꼬박 일주일에 열 번을 설교 해야 한다는 게 죽을 맛이지. 그렇다고 안 하자니 먹고 노는 것 같아서 불편하고, 이렇게 해서라도 성도 한 명이라도 붙들고 있어야 하니까.
- 그 방송 설교를 성도들이 얼마나 듣고 있는지는 확인해 보았나?
- 얼마나 듣는지는 확인 안 해 보았습니다만, 듣든 안 듣든 저는 설교를 해야 하지 않나요?
- 정 목사를 칭찬해야 할지, 책망해야 할지 모르겠네.
- 잘하든 못하든, 힘들든 말든, 설교하느라고 끙끙대다 보면 세월이

갔는데, 설교를 안 하게 되니 존재감이 작아지고 허전해졌다는 임 목사의 경우가 나은 것인지, 듣든지 말든지 방송에 대고 설교하느라 끙끙대는 정 목사가 잘하는 것인지, 이참에 본질적인 질문을 하면서 돌아보고 생각을 깊이 해보아야 할 것 같군.
- 무엇을 생각해 보아야 하나요?

> 전 7:14 형통한 날에는 기뻐하고 곤고한 날에는 되돌아보아라 이 두 가지를 하나님이 병행하게 하사 사람이 그의 장래 일을 능히 헤아려 알지 못하게 하셨느니라

- 전도서 7장 14절에서 '곤고한 날에는 되돌아보아라'고 권하지 않나? 오늘날 온통 코로나 바이러스로 곤고한 날이 되었으니, 이때야 말로 되돌아보고 본질을 찾아 돌아가야 하는 것이지.
- 설교에 묻혀 쩔쩔매던 내가 설교 한 번 하면서 허전해 하는 것도 문제인 것 같고, 듣든지 말든지 유튜브 방송으로 설교를 내보내는 것이 현명한 것인지도 모르겠습니다.
- 나는 교회 라이프 스타일도 코로나 이전으로 돌아갈 수 없다고 보네. 그래서 주일 아침 예배, 오후 예배, 수요 예배, 금요 예배, 새벽 예배, 이처럼 모이는 라이프 스타일로 가게 되지 않을 거야. 이제 교회에 모여서 무슨 일을 해야 한다는 것은 어리석은 생각일 수 있어. 자연히 주일 아침 예배, 한 번 하고 나머지는 소멸해 갈 걸세. 서구 교회들은 이미 코로나가 아니어도 그렇게 변해 갔고, 한국 교회도 그런 경향으로 기울어지다가 코로나 사태 때문에 강제적으로 가속되어 버렸거든. 그러니 옛 시절을 그리워하며 예전

으로 돌아가려는 생각을 버리고, 변화하는 시대에 오히려 선제적으로 세계 복음화라는 큰 그림 속에서 새 판 짜기를 해야 한단 말이야.

― 그럼 저처럼 수요 예배, 금요 예배, 새벽기도회까지 유튜브 방송 내보내느라고 끙끙대는 것은 옛날부터 해오던 습관을 따라 하고는 있지만 별 효과 없는 시간 낭비 같네요?

― 정 목사, 극단적인 표현은 쓰지 말자고. 효과가 전혀 없다고는 할 수 없지. 그 시간과 에너지를 조금 더 전략적으로 사용해야겠다는 것이야. 그래서 임 목사는 아무것도 할 게 없어 당황스럽다고 했는데, 정 목사처럼 일주일에 열 번씩 설교하는 일은 굳이 시도하지 말게. 그 대신 한 번 하는 설교를 정말 진지하게 하고, 한 번 설교가 열 번 설교보다 더 큰 영향을 줄 만큼 그 설교에 집중하게.

― 그럼 저는 어떻게 해요?

― 듣거나 말거나 설교만 하게나. 목사가 할 일이 설교밖에 더 있나?

― 아이 선배님, 그렇게 놀리지 마시고 바르게 충고해 주세요.

― 글쎄, 지혜가 필요할 것인데, 하여튼 듣든지 말든지 유튜브 방송에다 대고 일주일에 열 번씩 설교하는 일은 그만 두고 그 시간과 에너지를 전략적으로 사용했으면 좋겠어.

― 아무 말 없이 내려놓아야겠군요?

― 아무 말 없이 내려놓으면 그래도 몇 사람은 듣고 있었을 테니 왜 안 하냐고 물을 걸? 그때 대답할 말을 준비해 놓고 내려놓으시게. 이 코로나 팬데믹 시대에 맞는 효과적인 전략을 찾아내기 위하여 연구하고 집중할 필요를 느껴서 많이 듣지도 않는 설교를 내려놓는다는 것을 잘 설득해야 할 것일세. 그렇게 안 하고 있는 임 목

사는 잘된 것이야. 그 대신 이미 언급한 대로 열 번의 설교보다 한 번의 설교가 더 큰 효과, 더 큰 영향력이 되도록 한 번의 설교에 심혈을 기울여 보게.
- 어떻게 설교해야 열 번의 설교보다 한 번의 설교가 더 큰 힘이 될 수 있을까요?
- 한마디로 말하자면 간단해. 성령으로 설교하게 되어야 하지. 성령께서 주시는 메시지를 들을 줄 알아야 하고, 성령의 영감과 지혜와 능력에 실어 메시지가 선포되어야 하고. 비대면 시대에 설교의 횟수가 줄었어도 중요성은 더 커졌어. 전파를 타고 나가는 설교이지만 비유컨대 성령을 타고 선포되는 설교가 되어야 한다네.
- 그걸 왜 '비유컨대'라고 말하나요?
- 이봐, 성령을 타고 다닌다는 게 직설적인 표현이라면 말이 되나? 비유로나 말할 수 있는 것이지. 설교할 때 성령님께 의존한다는 것을 강조하기 위하여 그렇게 말하는 것일세. 그런 설교에 대한 이야기는 내가 《설교가 뭐길래?》라는 책에 이야기해 놓았으니 한 번 읽어보게들. 하여튼 한 번 설교가 열 번 설교보다 더 능력 있게 설교해야 하네.
- 그럴 것 같네요. 한 번의 설교로 성도들을 다 붙들고 있어야 하니 그 한 번의 설교에 목숨을 걸어야 할 것 같아요.
- 한 번의 설교에 목숨을 걸면 그다음 설교는 못하지 않나? 그런 극단적인 표현은 안 좋아.
- 아이, 선배님이 '비유컨대'라는 말을 쓰시기에 저도 비유컨대 그렇다는 의미로 말한 것입니다.
- 그래? 그렇다면 좋은 말이군. 한 편의 설교에 목숨을 거는 것처럼

집중하게. 그리고 한 가지 언급하고 싶은 게 있어.
- 무슨 말씀하시려고요?
- 내가 늙고 그 방면에 잘 모르기는 하는데, 지금 우리의 현실이 10퍼센트 대면 예배, 90퍼센트 비대면 예배가 되어 비대면 예배자들은 집에서 유튜브 방송 화면을 보고 예배하는 게 현실이지 않나?
- 대부분 그렇지요?
- 이럴 경우 설교자는 정말 성도들이 듣는지 안 듣는지 알지 못하여 마치 허공에 대고 설교하는 느낌이 들지 않겠나?
- 그런 느낌이지요?
- 그래서 줌(Zoom) 같은 양방향 소통 프로그램을 사용하고, 예배당에 모니터를 다량 설치하여 최소한 성도들이 집에서라도 예배드리는 모습을 볼 수 있고 설교할 때도 성도들의 표정을 보면서 때로 개인적으로 호명하여 청중의 집중도를 모으면서 커뮤니케이션이 되는 기기를 사용하는 게 좋을 것 같아서, 좀 알아봤으면 좋겠어.
- 아유, 그 모니터 설치하려면 돈도 많이 들 텐데요?
- 건축 헌금 해야지. 이게 지나가고 예전으로 돌아갈 수 없는 거라면 수십 년 사용할 것이므로 투자해야 하지 않겠나. 그리고 줌 프로그램을 사용하여 교육도 한두 가지는 해야 하고. 미디어를 사용하는 교육 프로그램을 열어야 한다는 말일세.

5) 기본 삶터 영성 교육을 강화하라

- 비대면 교육 프로그램을 열어야 한다고요?

- 비대면 시대이니 비대면으로라도 성도들을 교육하고 훈련해야 하지 않겠나? 그렇다고 해서 프로그램을 많이 열 필요는 없네. 괜히 일만 벌리자는 것이 아니야.
- 무슨 교육을 해야 하나요?
- 그동안 우리가 성도들의 신앙생활을 예배당 중심으로 묶어 두었던 잘못을 반성하는 의미에서, 어디서라도 살아남도록 능력 있는 개인 경건 생활을 할 수 있게 말씀 묵상 훈련, 기도 훈련 등 개인 경건 훈련을 하는 거야. 더 나아가 삶터 영성, 일터 영성을 훈련하여 예배당에 모이지 않아도 훌륭하게 신앙생활을 하고, 오히려 삶터에서 일터에서 주님의 영광을 드러내고 전도하고 선교하는 삶을 살아갈 능력을 배양시켜 주자는 것이지. 비대면 줌 교육으로라도 가르치고 훈련하란다고 해서 이것저것 줌 강의를 잔뜩 열지는 말게. 지금 필요한 것은 예배당을 떠나서도 신앙생활을 잘하도록 훈련하는 것인데, 또 줌으로 붙들어 두려는 스타일로는 가지 말라는 말이지. 곧 흩어지는 교회를 강화하는 교육을 하라는 걸세.
- 그동안 제대로 가르치지 못했던 개인 경건 훈련과 삶터 영성, 일터 영성을 속히 보완하도록 기본 교육을 비대면으로라도 해야겠군요! 그런데 그런 교육을 어떤 내용으로 어떻게 해야 하지요?
- 내 그럴 것 같아서 《경건 영성》이라는 책을 포함하여 '영성 세계로의 여행'이라는 타이틀로 8권을 써서 발간했고, 《코이노니아 경제의 꿈》이라는 책도 써 놓았으니 참고들 하게.
- 네, 책을 구입해서 읽고 오늘의 비대면 시대에 어떤 교육을 어떻게 해야 할지 연구해 보겠습니다.
- 이봐, 정 목사 그리고 임 목사. 내가 경고해 두는데, 비대면 교육

프로그램을 너무 많이 만들지는 말게. 비대면 시대에는 꼭 필요한 교육만 기본적으로 실시하고 시간과 에너지를 좀 더 전략적으로 사용해야 하거든. 그러니까 지금까지 예배당 중심으로 살도록 해오던 것을 바꾸어, 예배당을 떠나서 삶터에서 신앙생활의 깊이를 더할 수 있도록 교육하라는 말이네.

- 한 편의 설교에 집중해라, 예배당에 묶어 놓지 않도록 개인 경건 훈련과 일터 영성 교육을 미디어를 사용해서라도 서둘러 강화하라는 말씀을 하셨습니다. 이제 BK3 3대 비전 또는 전략을 어떻게 시작하는지를 말씀해도 되지 않겠습니까?

6) 새로운 세대를 일으키라

- 그래, 임 목사가 정리한 대로 오늘 이 팬데믹 비대면 시대에 적응하면서도 부흥하기 위하여 기본적으로 할 일은, 한 편의 설교에 심혈을 기울이는 것, 그리고 성도들을 예배당 중심이 아닌 삶터 중심으로 신앙생활을 할 수 있도록 개인 경건 훈련과 일터 영성을 훈련해야 하는데 모일 수 없으니 미디어를 사용한 비대면 교육으로라도 속히 훈련을 강화시키는 일이야. 이렇게 시작하기를 바라며, 이제는 새 전략을 어떻게 실행할까를 논해 보기로 하지.
- 어떻게 실행하는지 궁금했는데 먼 길 돌아왔네요.
- 그래, 먼 길 따라오느라 수고했네. 내가 30년 동안 목사들을 가르치고 훈련하는 일을 하다가 은퇴한 사람이 아닌가? 한국 교회 목사들은 대체로 이러한 새로운 시스템을 가르치면 이미 가지고 있

는 성도들 숫자에다 어떻게 대입시켜야 하나 하다가 포기하는 경우가 많다네.
- 그게 무슨 말씀이신가요?
- 우리가 지금 BK3 시스템을 이야기하고 있지 않나? 이 이야기를 하면 우리 교회 1천 명 또는 1만 명을 세 명씩 어떻게 묶어 주어야 하나 하면서 일률적인 시스템 재편을 하려고 한다는 말이지. 그러고는 잘 안 된다고 하거든. 항상 이 집단을 어떻게 바꿀까 하고 생각한다는 거야.
- 그건 맞는 말씀인 거 같습니다. 저도 지금 우리 교회 성도가 1천 명인데 이걸 어떻게 시스템을 바꿀지 고민하고 있거든요.
- 이 BK3 시스템은 작은 모임 하나로 시작하는 것이기에 기존의 1천 명, 1만 명을 어떻게 바꾸나 하는 방식으로 접근해서는 불가능할 걸세. 새로운 발상의 전환이 필요하지.
- 그럼 어떻게 해야지요?

7) BK3 시스템의 적용을 위하여

(1) 캠퍼스 선교에 적용하라
- 나는 이 BK3 시스템을 제안하면서, 제일 먼저는 젊은이들이 많은 캠퍼스 선교에 적용하기를 바라는 마음이야.
- 선배님, 요즘 캠퍼스에 학생들이 없어요. 대부분 온라인 강의로 비대면 수업을 하고 있습니다.
- 그래, 맞아. 그래서 요즘 캠퍼스 선교 단체들도 거의 올스톱이래.

그래도 2명 붙들고 하는 거니까 어딘가에서 시작할 수 있을 것이고, 정부에서 가장 신경 쓰는 것이 학교요 학생들이니 대면 수업이 어떤 형태로든 회복될 것이라고 생각되네. 학교는 대면 수업이 회복되어도 교회는 대면 집단 교육이 어려워질 것이네.
- 왜요? 학교나 일반 사회가 회복되면 교회도 회복되겠지요?
- 학교는 강제성이 있지만 교회는 강제성이 없어. 한 번 비대면 습관으로 가면 대면 모임이 어려워져. 그래서 새로운 시스템을 만들어 가야 한다네. 그나저나 학원 선교 이야기 중이니 물어 보고 싶은데, 교회서 대학생부를 운영하는 것 말고 더 학원 선교에 투자하는 게 있나?
- 대학생부를 운영하는 것 외에 더 뭐 하는 것은 없는데요.
- 벌써 50년 된 이야기인데, 미국 유학 시절에 감동받은 것이 있어. 미국 교회에서는 교회 자체의 대학생부를 운영하는 것 외에 자기 교회에 오든 안 오든 그것을 목적으로 하지 않고 젊은이들을 전도하고 양육하도록 학원 선교사를 대학에 파송하는 교회를 많이 보았거든.
- 해외 선교사를 파송하듯 학원 선교사를 파송한다고요?
- 응, 그래. 교회가 존재하는 것이 선교를 위함이라는 인식에서, 학원 복음화를 위하여 전적으로 대학생들을 전도하고 제자화 하는 목적으로 학원 선교사를 파송하고 있더라니까. 임 목사도, 정 목사도 교회 주변에 있는 대학교에 파고 들어가 학생 중심으로 이 BK3 시스템을 시도하면서 학생 복음화를 위해 시간을 할애해 보는 건 어때? 자신이 그럴 만한 시간이 정 안 되면 교회적으로 학원 선교사를 파송하든지, 그것도 안 되면 좀 똘똘하고 열심 있고

성령충만한 젊은 집사를 훈련해서 학원 선교를 하도록 도전해 보라고.
- 아하, 젊은 성도를 훈련해서 학원 선교에 부분적으로라도 헌신하도록 해야겠네요.
- 그 열매로 자기 교회 대학부가 성장하는 것은 자연스러운 일이니까 부흥을 기대할 수도 있지만, 꼭 우리 교회가 성장한다는 차원이 아니라 대학 캠퍼스를 복음화한다는 더 큰 차원에서 지역교회를 동원하는 전략도 생각해 보고.
- 집사님들 중에 캠퍼스 선교팀을 길러내야 하겠는데요?
- 좋은 생각이야. 몇 명은 A대학을, 또 몇 명은 B대학을 담당하는 선교팀을 일으키라고. 단 그분들을 이 BK3 시스템 훈련을 해 가지고 말이야.
- 선배님, 감사합니다. 선배님과 이야기하다 보니 교회가 할 일이 더 많이 보이고 사역의 비전이 확대되는군요. 저는 우리 교회에 이 BK3 시스템을 어떻게 시작하여 적용할까 고심했는데, 우선적으로 젊은 집사님 둘을 훈련시켜서 캠퍼스 선교를 열도록 준비하여야겠다는 생각이 듭니다. 선교의 새로운 지평을 여는 것이지요.
- 임 목사, 어떻게 우리 교회를 키울 것인가를 먼저 생각지 않고 학원 복음화를 위하여 먼저 적용하겠다니, 대단한, 열린, 하나님 마음이야. 좋아. 목사에게는 주어진 성도들을 돌보는 것이 중요하지만, 어떻게 성도들을 또 교회 공동체를 동원하여 세계 복음화를 이룰 것인가도 중요한 사명이니까. 그리고 그것이 성도들을 더 행복하게 하는 길이 될 거야. 이 BK3 시스템을 생각할 때 나는 선교

지를 생각하고 선교사들의 사역을 생각했어.

(2) 선교지에 적용하라
- 먼저 선교사들에게 전수하고 선교사들이 선교지에 적용하여 번져 가게 하자는 말씀인가요?
- 응, 선교지에서의 선교사들의 사역이란 대체로 거대한 집단 교육이 아니지 않나? 어차피 소수로 시작하는 선교 사역에 처음부터 이 시스템으로 시작하여 배가시키는 전략으로 가라는 것이지.
- 이 시스템의 사역을 선교사 훈련에 필수 과목으로 하면 좋겠군요?
- 선교 단체 지도자들이 진지하게 숙고했으면 좋겠어. 선교사들에게 어떤 무기를 들려줄 것인가?
- 선교 단체들이 이 시스템을 모두 채택하면 좋겠네요?
- 그런 바람이지.
- 선배님. 정작 지역교회에는 언제 어떻게 적용하여야 하는가가 우리에겐 가장 큰 관심사인데, 아직도 돌리고만 계신가요?
- 임 목사, 임 목사는 역시 기존 지역교회 목회자임에 틀림없군. 기존 교회에 어떻게 적용할까를 이야기하기 전에 하나 더 이야기해야 한다네.
- 목 빠지겠어요. 뭐가 또 있는데요?

(3) 개척 교회는 처음부터 바이블 코이노니아 시스템으로 가라
- 개척 교회의 경우 말이야.
- 개척 교회의 경우야 말할 것 무엇 있습니까? 처음부터 이 BK3 시

스템으로 시작하면 되지요.
- 그렇지. 처음부터 재생산을 염두에 두고 2명을 전도해서 바이블 코이노니아 모임을 시작하면 된다네.
- 이제 기존 교회에 적용하는 이야기해 주세요.
- 그래, 이제 그 이야기 해봄세.

(4) 젊은 세대를 새로 일으키라
- 지역교회에서 적용하려 할 때는 당회에서 논의하여야 하겠지요?
- 지역교회에서 적용하고자 할 때 '1천 명, 1만 명을 어떻게 바꿀까?' 하는 방식으로 접근하지는 말게. 그러니 이 사역을 당회에서 논하여 결정할 일은 아니지. 당회 자리에서 장로님들에게 "아무래도 앞으로는 이 비대면 시대가 보편화되고 일상화될 것 같은데, 젊은 새 세대를 일으키는 사역을 실험해 보아야겠어요" 하는 정도로 암시만 해 놓고, 그냥 2명 데리고 시작하는 것이야. 우선은 지금까지 해오던 대로 하는 거지. 모이지 못하는 시대에 적응하여 설교와 삶터 영성 교육을 강화함으로써 현상 유지를 일단하고 2명만 데리고 시작하여 새 세대를 일으키는 방식으로 적용하라는 것일세.
- 그럼 현재 1천 명은 있는 대로 그냥 놔두고 새로운 세대를 일으키라는 말씀인가요? 1천 명은 어떻게 방치해요?
- 누가 방치하라고 하던가? 지금 하던 대로 하면 되지. 그리고 에너지를 새 세대를 일으키는 방향으로 집중하라는 것이고.
- 1천 명 다 놔두고 그중 2명만 데리고 일을 시작하면 다른 998명은 질투와 소외감을 느끼지 않을까요?

- 그러니까 광고하지 말라는 것이야. 있는 듯 없는 듯 해 나가는 것이지. 어차피 아무것도 못 하는 상황이니 슬며시 시작하면 되지 않겠어?
- 그래도 결국 알려지게 될 것인데요?
- 어차피 새 세대를 일으키려고 하였으니 청년이나 대학생을 데리고 시작하게. 청년 층에서 새 세대를 일으키라는 말이야. 청년 세대를 일으키는 데는 여러 가지 이점이 있어.
- 어떤 이점이 있나요?
- 첫째는 이미 말한 대로 어른 성도들이 질투하거나 할 대상이 아니기에 새로 시작하기에 좋다는 점. 둘째는 새 세대를 일으킨다는 목표에 적합한 명분이 된다는 점. 그리고 셋째로 무엇보다도 젊은이는 가르치고 가르침을 습득하는 능력이 빠르다는 점. 특히 반드시 재생산을 목표로 하고 있는 바이블 코이노니아 시스템을 적용하기에 적절하다는 것이야.
- 아, 그렇다면 우리의 목회라는 관점에서 투 트랙 전략이네요. 기존의 1천 명 목회는 기존처럼, 비대면 시대에도 하던 대로 할 수 있는 것을 최대한 해 나가면서, 새로운 시스템으로 젊은 세대를 일으키는 전략을 진행하면, 결국은 세대교체가 자연히 이루어질 테니까 30년쯤이면 새로운 시스템으로 바뀌어 가겠군요?
- 그런 셈이지.
- 그래도 새로운 세대가 불같이 일어나서 커 가면 기존 성도들이 소외감을 느낄 것 같은데요?
- 정 목사, 정 목사는 역시 훌륭한 목사야. 신중하게 앞뒤를 재면서 생각하고 고민하는 모습이 좋아.

- 아이고, 선배님. 저는 이런 질문할 때 야단맞는 것 아닌가 싶어 조마조마하면서도, 현실적인 질문하는데 칭찬을 하시다니 의외이고 황송합니다.
- 내가 그런 경험이 있어. 서울신학대학교 교수직을 사임하고 밀양교회에 가서 목회할 때, 젊은이를 훈련시켜 새 세대를 크게 일으킨다는 비전을 가지고 청년들 훈련하는 일에 에너지를 좀 쓰고 있었거든. 그런데 권사님들이 그러더라고. "우리 목사님 눈에는 청년들만 보이고 늙은이들은 보이지도 않지?"
- 권사님들이 소외감을 느낀 모양이네요?
- 그렇지. 권사님들뿐이겠어? 말은 안 해도 어른 성도들 다 조금씩은 그렇게 느꼈을지 모르지.
- 새 세대가 활발하게 일어나면 기존 어른 성도들은 소외감을 느끼게 될 것 뻔합니다. 거기에 대한 대책도 준비해야 할 것 같네요.
- 임 목사도 목회적 현실을 잘 파악하고 있군. 좋아. 거기에 대한 대책은 어렵지 않아. 그러니 너무 걱정하지 말고 일단 젊은 세대를 일으키게.
- 네. 젊은 세대를 일으킬 테니까 그 대책도 이야기해 주세요. 그래야 종합적인 그림을 그리지요.
- 당회를 하거나 광고할 일이 아니니 일단은 시작해서 새로운 세대를 일으켜. 그러다가 아직 재생산도 하기 전에 궁금해하거나 소외감을 느끼는 듯 질문하거나 의문을 갖는 눈치가 보이면, 팬데믹 비대면 시대에도 주님의 지상 명령을 실행하고 교회가 부흥을 할 수 있는 시스템을 실험해 보려고 청년 2명만 데리고 훈련하고 있

다고 말해서 이해를 시켜. 실험 중이라서 회의나 광고는 하지 않고 한번 해 보는 거라고 해. 이야기한 대로 당회에서 논의하고 결정하고 할 필요는 없으나 시작할 때 장로님들에게 넌지시 이야기해 줄 필요는 있을 것이야. '아무것도 못하는 이 코로나 팬데믹 시대를 돌파하기 위하여 한 가지 실험을 하려고 하는데, 청년들 2명 데리고 해보려고 한다'는 정도로 미리 이야기해 두는 것이 지혜로울 거야.
- 아, 실험을 하는 중이라고 설명한다고요? 일단은 말이 되는데요? 초기에는 그 정도 말하지만 이 시스템이 재생산되면서 커지고 기존 성도들이 본격적인 소외감을 느끼게 되고 불평할 텐데, 그때는 또 어떻게 대처해야 하지요?

(5) **때가 되면 기존 신자들을 훈련자로 훈련하라**
- 정 목사, 참으로 꼼꼼히 미래를 예상하고 대책을 강구하려는 태도는 훌륭해. 다만 너무 지나치게 생각하여 밀고 나가지 못하는 일은 없게 하게.
- 물론 지나친 염려로 시작도 못하는 일은 없을 것입니다. 그러나 할 수 있는 한 예측하고 대비하는 일은 나쁘지 않다고 생각하는데요?
- 좋아. 젊은 세대가 재생산되면서 일어나고 기존 신자들이 소외감을 표출할 때쯤 되면 그것을 기존 신자를 이 사역에 끌어들이는 기회로 삼는 것이야.
- 어떻게요?
- 누가 목사님은 청년들만 좋아하고 우리는 돌보지도 않는다고 하

거나 '요즘 젊은이들이 늘어나는 것 같아 좋긴 한데, 목사님이 특별한 전략으로 뭘 하고 있다면서요? 그게 어떻게 하는 것이에요?' 묻는다거나 관심을 보이거나 하면, '장로님(권사님 또는 집사님)도 이 사역 한번 해 보실래요?' 하고 권하는 거지. 단 재생산의 중요성을 가르치고 전도해서 재생산해야 한다는 것까지 잘 설명하고 훈련에 초대하는 거야.

- 그러면 그런 헌신자를 모아서 한꺼번에 훈련하는 방식이 있나요?
- 한꺼번에 하려고는 절대로 하지 마. 둘씩 훈련해야 해. 기존 신자들은 6개월 이내에 다 재생산하라고 해야 하고.
- 그래서야 1천 명을 언제 훈련하지요?
- 또 1천 명 집단을 이야기하네. 어차피 안 하던 사람들이니 못 하는 사람은 그냥 예전대로 신앙생활 잘 하라고 놓아두고, 하는 사람은 하도록 이끌어 주는 것이야. 아마 전도해서 재생산해야 한다면 아예 안 하려고 하는 사람은 많을 테니 걱정하지 말게. 기존 신자들 전체를 한번에 바꾸려는 생각은 안 된다니까. 기존 신자 중에서도 헌신하는 자들은 새 세대를 일으키는 사역자로 훈련시켜 주어야 하니, 서둘지 말고 정식으로 2명씩 훈련하라고.
- 그래도 투 트랙을 갈 때 서로 이질적인 분위기와 라이프 스타일 때문에 뭔가 부조화스러운 게 나타날 것 같아요.
- 정 목사, 참 꼼꼼하군. 아주 좋아. 돌다리도 두드려 보고 건너는 게 목회이긴 하니까. 그래서 청년 세대를 일으키면서, 어느 집안이건 집안이 잘되려면 자녀가 잘되어야 하고 교회가 잘 되려면 젊은 세대가 잘되어야 하니 어른 기존 신자들은 젊은이들을 격려하고 축복하는 분위기로 유도해야 하는 것이지.

- 그러면 우리 에너지의 절반은 기존 교회를 유지하고 기존 성도 케어하는 일에, 절반은 비대면 시대를 극복할 새 세대를 일으키는 전략에 집중해야 하겠군요?
- 맞아, 절반은 기존 성도들을 돌보는 데, 절반은 새 세대를 일으키는 데 집중한다고 보면 되겠군.
- 선배님, 이제 기도하고 불타는 열정으로 시작하는 것만 남았습니다. 그런데 한 가지 아직도 궁금한 게 있습니다.
- 뭐가 아직도 궁금한가?
- 젊은 세대 중심으로 이 바이블 코이노니아 시스템을 시작할 경우 신약성경 한 번 같이 읽고 끝날 때쯤부터 재생산에 들어간다면, 아니면 1년마다 재생산한다고 해도 초신자가 리더가 되고 또 전도하고 양육하다가 초신자가 또 리더가 되는 방식으로 순환하게 되면, 신앙이 뿌리를 깊이 내리고 성장하는 교육을 받을 길은 없는 것 같은데 정말 괜찮을까요?
- 걱정도 참 많네. 낳고 기르고 하는 동안 자신의 신앙도 성장하고 있고, 리더의 자리를 맡다 보면 자신이 성장하려는 열망도 커져서 배우게 된다네. 훈련 과목으로 꼭 넣지 않아도 그들이 각자 꾸준히 성장하도록 돕는 책들을 추천해서 읽히면 될 거야. 내가 이를 위하여 초신자들의 성장을 돕는 '읽는 양육서/ 신앙의 기초' 시리즈 8권을 쿰란출판사를 통하여 간행했고, 그다음 성장을 도모하도록 돕는 '영성 세계로의 여행' 시리즈 8권 역시 쿰란출판사를 통하여 간행해 놓았네. 이런 책들을 필독서로 하여 읽게 하면 도움이 되지. 그러나 내가 미리 경고해 두네. 이런 책들은 도움이 되지만 주 교재로 삼지 말고 보조 교재로만 사용하라는 점이야.

- '주 교재는 여전히 성경이다.' 그 말씀이지요?
- 맞아, 그리고 '교회의 사명은 세계 복음화'이고.
- 묵은 세대는 돌보되 '새 세대를 일으키라'는 것이고요?

비대면 시대의 부흥 전략
BK3 三代3대 비전

1판 1쇄 인쇄 _ 2021년 12월 17일
1판 1쇄 발행 _ 2021년 12월 27일

지은이 _ 이강천
펴낸이 _ 이형규
펴낸곳 _ 쿰란출판사

주소 _ 서울특별시 종로구 이화장길 6
편집부 _ 745-1007, 745-1301~2, 747-1212, 743-1300
영업부 _ 747-1004, FAX 745-8490
본사평생전화번호 _ 0502-756-1004
홈페이지 _ http://www.qumran.co.kr
E-mail _ qrbooks@daum.net / qrbooks@gmail.com
한글인터넷주소 _ 쿰란, 쿰란출판사
페이스북 _ www.facebook.com/qumranpeople
인스타그램 _ www.instagram.com/qrbooks
등록 _ 제1-670호(1988.2.27)
책임교열 _ 이화정·최가영

ⓒ 이강천 2021 ISBN 979-11-6143-652-4 03230

책값은 뒤표지에 있습니다.
이 출판물은 저작권법에 의해 보호를 받는 저작물이므로 무단 복제할 수 없습니다.
파본(破本)은 구입처에서 교환해 드립니다.